懂得倾听，
是学会沟通的第一步

[美]伯纳德·T.费拉里 著 沈洁 译

POWER LISTENING
MASTERING THE MOST
CRITICAL BUSINESS SKILL
OF ALL

黑龙江美术出版社

黑版贸审字 08-2019-058 号

图书在版编目（CIP）数据

懂得倾听，是学会沟通的第一步 /（美）伯纳德·T. 费拉里（Bernard T. Ferrari）著；沈洁译. —哈尔滨：黑龙江美术出版社，2019.8
ISBN 978-7-5593-5407-5

Ⅰ.①懂… Ⅱ.①伯… ②沈… Ⅲ.①人际关系—口才学—通俗读物 Ⅳ.① C912.13-49

中国版本图书馆 CIP 数据核字（2019）第 114135 号

POWER LISTENING
All rights reserved including the right of reproduction in whole or in part in any form.
This edition published by arrangement with the Portfolio, an imprint of Penguin Publishing Group, a division of Penguin Random House LLC.
Simplified Chinese edition copyright © 2019 Beijing Wisdom & Culture Co., Ltd.
All rights reserved.

懂得倾听，是学会沟通的第一步
DONGDE QINGTING, SHI XUEHUI GOUTONG DE DIYIBU

作　　者	[美]伯纳德·T.费拉里
译　　者	沈　洁
出 品 人	周　巍
责任编辑	聂元元
出版发行	黑龙江美术出版社
地　　址	哈尔滨市道里区安定街 225 号
邮政编码	150016
网　　址	www.hljmscbs.com
经　　销	全国新华书店
印　　刷	天津旭丰源印刷有限公司
开　　本	880mm×1230mm 1/32
印　　张	8
字　　数	118 千
版　　次	2019 年 8 月第 1 版
印　　次	2019 年 8 月第 1 次印刷
书　　号	ISBN 978-7-5593-5407-5
定　　价	55.00 元

本书如发现印装质量问题，请直接与印刷厂联系调换。

前　言

最初构思本书时，我问自己，是否真的会有人为了做出更好的商业决策，去看一本关于倾听的书籍。我的疑问源于多年前一位高管对我说的话："在商界没人会去听别人说话！根本没这个必要。"我越细想这句话，就越觉得这种态度不对，也就越加坚信我应该去写这个主题。首先，我意识到，我遇到过的杰出企业管理者们都拥有不可思议的倾听能力。其次，不可否认的是，我曾有幸为众多才华横溢的高管们提供咨询服务。在麦肯锡咨询公司任职的二十多年里，我也见过同事们展示各自精湛的倾听技巧，通过观察学习，我找到了自己的倾听方法。我坚信良好的倾听是企业业绩的核心，也想要传授我整理的全套经验教训,出于这两个动机,我着手写作本书。

然而,还是少了点什么。我越来越担心,由于我研究的高管们都是我的客户,具有非随机性,样本组可能受到了选择性偏差[①]的影响。因此,为了避开这个特定的陷阱,我请许多麦肯锡的现任合作伙伴为我挑选他们遇到过的最好的商界倾听者,作为我的额外采访对象。让我感到欣慰和高兴的是,在新一轮的采访中,采访对象们所说的话和我的客户们所说的并无差别。

写作本书时,除了主题本身,我还考虑到两个因素。第一,要让这本书既适用于初入职场的管理者和商业决策者,也适用于经验更为丰富的高管。第二,不浪费读者的时间。我竭尽所能在行文简洁的同时,涵盖所有我认为相关的内容。

我还要强调一点,在职场中,性别差异不会造成倾听方面的优势或劣势。当你在书中看到那些使用"他或她"更为

---

① 在研究过程中因样本选择的非随机性而导致得到的结论存在偏差,也称选择性偏差为选择性效应。

恰当的地方，我却使用了"他"的时候，请记住这点。我用"他"只是为了简化本书的风格和叙述结构。

在为客户服务的过程中，我一直把自己当成他们公司的客人，出于职业道德和法律义务为他们保守秘密。如果他们同意我讲述他们的故事，我就使用他们的名字；而当他们觉得不好意思这样做，或者我使用私人故事为例去说明不该怎样做时，我就会更换相关的场景和行业，不暴露他们的身份。说不定连他们本人读到这些故事时都认不出来是自己的经历。

我很幸运，在写作本书时得到了多方帮助。我要感谢杰弗里·伊梅尔特对我的鼓励，他还慷慨地为我写了序言；感谢我在麦肯锡公司的朋友和同事，他们帮我找到杰出的倾听者，我在书中和大家分享的经验，很多是从他们身上学到的。因为人数太多，我无法逐个写出他们的名字，他们知道我说的是谁，感谢他们每个人的精诚合作。有些人在其中扮演了特殊的角色，他们是多米尼克·巴顿、迈克尔·帕萨洛斯-福克斯、特德·霍尔、已故的罗杰·克莱恩、拉里·卡纳雷克、维克·马尔霍特拉以及皮特·沃克。

我很幸运，早年在医学界观察过众多杰出的倾听者。已故的罗切斯特大学精神病学教授，乔治·恩格尔博士，给我和我的医学院同学们上了关于倾听的最初一课。他曾告诉过我，要成为一名有洞察力的医生，我还有许多路要走，但他补充说，他对我有信心。他说的没错，我的确有工作要做，我很希望他会赞许我现在所做之事。另一位导师是已故的加州大学洛杉矶分校教授和外科主任，威廉·朗迈尔博士。他是那种少有的人，可以在简短的交谈中提出一些关键性问题，通过你的回答了解你的想法。我还想向弗兰克·里迪克博士致歉，在路易斯安那州新奥尔良的奥克斯纳诊所里，他给了我人生第一份管理工作，他比任何人都更清楚我是一个多么糟糕的倾听者。弗兰克，感谢你从来没有放弃我。

诚挚地感谢我那值得信赖、非常重要的研究助理基利安·克拉克，感谢他为这个项目所做的一切。没有他的帮助，就没有这本书。杰西卡·戈瑟尔斯确保我们得到了正确的中世纪和文艺复兴时期的史实。费拉里咨询公司还有其他人也提供了帮助，他们是托德·约翰逊、帕特里克·沙利文和雪莉·巴布。大卫·索贝尔在编辑方面提供了重要帮助。很多次我词不达意，大卫都能帮我编辑通顺。我的文稿代理人吉姆·莱文和律师威廉·哈特给予我极大的指导和鼓励。Portfolio出版社的各位专业人士，包括我才华横溢的编辑吉莉安·格雷、出版界的智者艾德里安·扎克海姆，以及杰出的营销宣传团队，威尔·魏瑟尔、艾莉森·麦克林、蒂法尼·廖，他们在没有过多折磨作者的情况下让本书按期出版。

最后，我必须感谢一个人，我认为她是最杰出的倾听者，那就是我的妻子琳达。近四十年来，她一直做我的听众，我也不明白为什么她一直有兴趣听我说话。为此，我不胜感激。

序　言

当我罗列那些我想在通用电气公司内强调，并且自身也要努力提高的品质和行为时，最先想到就是成为一个更好的倾听者。如果你和过去的我一样，那么你可能从没认真考虑过要去倾听；但我已经意识到，倾听并不是一种像运动能力或者音乐鉴赏力那样的天赋，它是一种需要有意识去注意，持续去练习的技巧，只有擅长倾听，我们才能收集到有助于工作的信息。

我记得在安东尼·比弗的著作《诺曼底登陆日：诺曼底之战》中，他写道：德怀特·艾森豪威尔之所以是一个伟大的领袖，主要是因为他是一个出色的倾听者。艾森豪威尔将军总是让所有人畅所欲言，同样，也没有人能躲过他追根究底的盘问。当面临抉择时，他准备充分，总能做出艰难的决策。这种品质让我牢记心头，难以忘记。艾森豪威尔从来不依靠恐惧和威胁去领导下属，他的领导力建立在信任和尊重之上，并通过认真专注的倾听去展现。

在倾听方面，你做得如何呢？我一直在问自己这个问题。我是否真的会与那些观点不同的人密切交流？我是否做好准备，愿意接受批评意见？我相信，21世纪成功的领导者一定是谦逊的倾听者。他们会从多种渠道寻找收集信息，用这些信息来催化新的思维方式，产生新的见解。他们明白，对于企业来说，多提问题比找到便捷的答案和便利的解决方案更有用。他们不仅欢迎辩论，还要求身边的每个人都参与其中。

我和伯尼·费拉里共事多年。我们共同成长，成为更好的倾听者。伯尼帮助我改变看待问题的角度，这本书中讲述了他所运用的技巧。我们共同努力，去获得新颖的见解和解决方案。这些技巧已经内化为我们的本能，当我们分析问题或为将来做决策时，会尽量保证自己不错过任何重点，不漏问关键问题。因此,我相信我对公司更有价值了。

倾听可能是最容易被低估和忽视的商业技能,尤其是在一个不确定因素越来越多、变化速度越来越快的时代。伯尼·费拉里的新书及时面世,书中提供的见解让每个人都能提高倾听能力,以此提高组织绩效。希望大家能采纳伯尼传授的经验技巧,根据我的经验来看,回报是非常丰厚的。

杰夫·伊梅尔特
美国通用电气公司前董事长兼首席执行官

目　录

SECTION 1　注意听！

01　值得用心倾听　／013

02　你是哪种倾听者？　／022

03　尊重你的对话方　／034

04　如何在大多数时候保持安静　／050

05　挑战所有的假设　／067

06　保持注意力　／086

SECTION 2　梳理混乱

07　任务是什么？　／111

08　计划是什么？　／125

09　团队是什么？　/ 143

10　如何完成任务？　/ 162

11　是否涉及个人化因素？　/ 178

SECTION **3** **获得收益**

12　将更好的倾听与更好的判断联系起来　/ 201

13　通过倾听改变你的组织　/ 216

结语：周一早晨该做什么　/ 231

SECTION 1

注意听!

SECTION 1
注意听!

　　那是一次让人感觉不太舒服的会议。

　　"怎么会没人预料到这种情况?"首席执行官问道,"我们怎么没为这种可能性做好准备?"

　　我在会议室的角落里观察着。首席执行官让我旁听,观察,对管理团队的决策过程进行评估。他针对某个产品在新市场推广失败的事情提出了一些尖锐问题,首席执行官希望他的团队能给出答案。

　　房间里静悄悄的,气氛紧张。我看到有些管理人员各怀心思地互相张望。最后,一位女士勇敢地发言了。

　　"那个,"她试探地说,"我们试着告诉你很多次了,可

> **懂得倾听**
> 是学会沟通的第一步

我们不知道你有没有在听。"

在那一刻,我意识到,他的团队评估必须从最高层开始。

这位首席执行官遇到的问题,在商界中极为常见,几乎无人可以避免,那就是上下反馈的问题。在各行各业中,各级领导都收到过这样的反馈——领导们在倾听方面可以做得更好。如果你也是这样的领导,也曾有人告诉过你需要更好地去倾听,或者你已经意识到做错了不少商业决策,那你就会对我要说的话感兴趣。实际上,后来我的客户提出了一个问题——"很多人建议我去更好地倾听,我该怎么办?"这个问题很多人会问,但基本没人知道答案。然而,学习如何去处理这个问题,对获得商业成功至关重要。

会不会倾听,可能就是盈利和亏损、成功和失败、长期职业和短期工作之间的区别。倾听是发现你所不熟知事物的唯一方法,是做出优秀决策、想出绝妙点子的必要途径。不管你从事什么职业,如果你渴望在工作中表现更为出色,倾听可能是你能使用的最强工具。

我从事过四份工作:外科医生、律师、商人,以及顾

SECTION 1
注意听!

问。尽管每个职业都有其独特的专业知识,但是它们都有一些共同之处。每个领域中那些最受尊敬、最成功、最能激励士气的领军人物,磨炼出了更为纯熟的倾听技巧,以此超越同侪。我的第一个职业是外科医生,这也许可以解释为何我的一些同事和客户说,我的倾听方式比大多数顾问要客观冷静。尽管医患关系和商场中的关系截然不同,但我在医学界学到了一条具有普适性的经验,那就是你必须提出许多直接问题,才能真正理解别人在说些什么,以及他们为什么会那么说。因为每个病人都是独特的,每种疾病和伤痛在不同的病人身上有不同的表征,问对问题,仔细倾听,不仅是正确诊断的关键,也是制订治疗方案的关键。后来,在我协助管理的诊所中,在我提供咨询服务的企业和组织中,这些能力帮助我理解问题、解决问题。

从做内科医生开始,我就在使用这些倾听技巧,它们在我的每份工作中都发挥了作用。我会问那些招人厌的问题,可是如果最终那些问题能让管理者们质疑他们原本的假设,让他们能够开放思想,以新的角度看待商业问题,那么大家就都

> **懂得倾听**
> 是学会沟通的第一步

有收获。

　　做医生的时候，我学到了一些关键的倾听技巧。然而，本书的大部分内容是基于我作为顾问，为世界知名企业和非营利组织的首席执行官及高层管理者提供服务的经验写成的。与这些领导者共事，给予了我独特的有利视角，可以观察胜负输赢及个中缘由。随着时间的推移，我开始相信，无论是从个人角度还是从组织角度来说，获胜的关键都在于卓越的倾听能力。我观察过，每个真正杰出的领导者，都自行掌握了这项能力。我归纳了他们技巧的精髓部分，将其总结成最简单有效的形式。他们倾听同事、客户、监管部门、供应商的意见，有时候，甚至倾听竞争对手的言论。在本书中，我写下了从他们身上学到的经验教训。不得不说，我自己也必须吸取这些经验教训。我明白从一个不会倾听的人，变成更好的倾听者是什么感觉。这也就意味着，我知道倾听是一种可以学习、练习、提高的能力。尽管这个过程有时会令人沮丧，但是从经验来看，你不仅可以变成一个更好的倾听者，而且还能对你和组织的绩效产生惊人影响。

SECTION 1
注意听!

在我终于意识到卓越管理者和普通管理者之间的差异在于倾听能力后,我开始查找写过关于倾听方面文章的商业专家,结果却所获寥寥。我发现,有太多人信口开河,承诺提供更好的沟通之道,但是专家们只顾着传授说话的技巧。从美国培训与发展协会的数据看,美国的企业和机构每年花费一千多亿美元来提高员工的技能。这笔巨款中,约有百分之二十用于沟通类的课程。美国管理协会提供近三百门沟通课程,其中只有两门直接涉及倾听技巧。我不禁好奇,如果听众们不具备一定程度的倾听技巧,那么请这些训练有素的商业作家、演讲家以及老练的发言人来做培训,到底有什么价值。

当涉及商务沟通和决策时,那句老话"施比受更有福"就不适用了。通过某些循序渐进的方法,甚至可以将喜爱充耳不闻的人转变为善于倾听的人,这对任何管理者来说都是宝贵的财富。这并不是天方夜谭。在倾听技巧方面,我们的确可以实现这种转变。听和说一样,不是一种与生俱来的被动能力。如果我们能教会人们更条理清晰地写作,更有说服力地演讲,如果我们能将信息传递的过程分解为一个个可学习的独立步

懂得倾听
是学会沟通的第一步

骤，那么我们就能将同样的方法应用于信息接收的过程。

当然，有些人就是比其他人写得好，也不是每个人都能成为莎士比亚或者杰弗逊。同样的道理也适用于倾听，它和人类其他活动一样，是艺术与科学、自然与教育、本能与计算的结合。有些人天生就更有同理心，更容易读懂言外之意；有些人的分析能力更为敏锐，或者更擅长批判性思考。然而，通过认识到我们个人的优缺点所在，采用一套直截了当、积极主动的倾听技巧，任何人都可以提高他们的倾听能力，更容易做出明智的决策。

和其他以商业技巧为主题写作的人一样，我的目的是提高企业绩效。在本书中，我试图清晰地阐述一个相对简单的方法，让我们能快速地将更好的见解转化为更专注有效的行动。在第一单元中，我会简要介绍体贴、有针对性倾听的基本原则，它会增大你获得你所需的全部信息的概率，这样会有助于你做出决策，制订行动方案。现在，我们快速浏览一些关于倾听的常见错误认识，我也会描述这些年来我所见到的若干倾听者的类型。我们越了解每种倾听者可能会犯的错误，就越

SECTION 1
注意听！

能认识到自身存在的问题，越容易改进自身倾听技巧不足的地方。

当我们了解了一些常见陷阱，并对如何避免它们有了概念之后，我会告诉大家认真倾听的基本原则。首先，我想谈谈尊重的问题。管理者与周围人互动时，常常陷入固有模式，还会对这些妨碍有效沟通的模式自鸣得意。然而，卓越的管理者总是保持警惕，相信在最不可能的地方，也会潜藏着有价值的见解。永远不要把你听到的话视作理所当然，要尊重每个同事的意见。接下来的事情显而易见：保持安静！在对话中，你只有保持安静，才能听到重要的部分。这不是你出风头的场合，也不是展现聪明才智的时机。你不需要全然沉默，但只在启发对方畅谈其观点时才开口。（在本书中，我用"对话方"来指代和你交流的人。）

接下来，我要谈谈假设，在我看来，假设是认真倾听的最大阻碍之一。坚持假设会让你闭目塞听，而质疑自己的假设，则会让你在面对意外时更胸有成竹，在商业行动和决策中更为灵活。最后，我会介绍一些技巧，帮助你在此过程中保持

| 懂得倾听 |
| 是学会沟通的第一步 |

清醒的头脑，专注于重要的事情。佛教徒有时会说正念，那是一种完全清空大脑但同时又试图跳出体验的状态，这样你就能理智地观察、分析、理解它。优秀的倾听者必须做同样的事情：把先入之见、毫不相干的敌意、抱怨已久的问题和反复唠叨的话题从脑海中清空，然后你才能敞开心扉去接受新鲜的想法，同时保持警惕，不忘批判性思考。

如果我们在商场中善于倾听，那么我们的脑海中很快就会塞满密密麻麻的信息和观点。我们该如何处理这些数据？我们到底该听些什么？在第二单元中，我会讨论如何管理这种混乱。我承认，倾听人们的交谈是件混乱的事情，不过你也可以做到井然有序。我们都知道将信息整理成文件归档的重要性，无论我们习惯把它放进档案夹，存在老旧的文件柜里，还是存在笔记本电脑或是智能手机中。认真倾听的关键，是要在我们的头脑中建立一个档案系统，并能提出合适的问题，让那些信息正确归档。我把所听到的信息按照下述类别分门归类，每个类别我都会用一个单独的章节来阐述。

注意听!

◎ **明确任务**。有时候,仅仅是弄清楚讨论中的某个特定梦想、抱负或组织使命就可以让事情变得截然不同。

◎ **理解方案**。我们怎么从A到B?如果想要获得成功,我们必须明白此过程中的每一个步骤。

◎ **知道团队成员构成**。我们是在讨论人员配置及团队协作吗?

◎ **注意执行情况**。理解风险和回报、考核方法和问责制度,这些可以有效地推动计划执行。

◎ **注意个人隐私**。人类不是机器人,他们的性格和品质会影响传递的信息。

第三单元,即最后一个单元是关于采取行动的。最后,我们倾听的目的是去做有关生意的艰难决定。通过阅读本书的前两个单元,你已经学会了收集和整理必要信息的技巧,在第三单元中我将讨论如何利用这些信息。我坚信,倾听能够推动个

> **懂得倾听**
> 是学会沟通的第一步

人和整个组织的绩效。所以,我首先要讲的是,更好的倾听会提高你的判断能力,帮助你做出更明智的决策。然后,我会继续讨论集体绩效以及高效倾听能怎样切实改善整个组织的表现。在磨炼倾听技巧的过程中,你所养成的习惯会影响组织的各个领域,改变企业文化,提高组织内的专注力、效率、坦诚度、创造力和尊重感。

我认识的所有成功商业领袖都在努力改善决策质量,提升组织绩效。认真倾听可以实现这两个目标。不管你只有一两个员工,还是雇员遍布全球、成千上万,你都可以通过有目标的专注倾听,从组织成员身上获取最佳想法,引导每个人产生新颖见解,从而让他们的表现更为出色,共筑辉煌。

SECTION 1
注意听!

01
值得用心倾听

当别人对我讲述其某次参加的会议,或者转述某次谈话时,他们往往会说:"那时,我沉默了片刻。能休息一下喘口气的感觉真好。"这是一个很有趣的说法,因为它给人的印象是说话比倾听更费力,可是实际情况恰恰相反。我认为,高效倾听消耗的卡路里远高于说话。此外,我确信,就是"倾听在某种程度上等同于休息"这一错觉,让人们认为倾听是一种被动行为,而不是主动行为。从这个错误前提出发,人们自然而

懂得倾听
是学会沟通的第一步

然会产生这种假设,即倾听是浪费时间的行为,不是有效推进的方法。

请注意,我所说的倾听和听音乐会这类行为截然不同。我所说的并不是成为一名听众,而是在保持沉默的时候,也参与到了对话之中。设想一下,你在美术馆中观赏一幅画,作品出自他人之手,观赏者需要凭借自己的聪明才智去鉴赏。纽约大都会艺术博物馆的某位导游曾和我描述过,来自世界各地的游客们略带羞涩地靠近她,询问该如何去鉴赏某件艺术品。她会陪伴他们来到画作前,提出一系列关于艺术家选择方面的问题,比如光线和色彩、角度和视角、技巧和构图,让观众对艺术的领悟上升到一个新的境界。这些问题的答案,有时候甚至仅仅是这些问题本身,就能揭示作品背后的艺术意图。

把这个理念运用到倾听上,你就会明白我所说的专注积极倾听是什么意思了。我认为高效倾听在商业环境中是一项重要又艰难的行为,主要原因有四点:

1.倾听具有目的性。一位训练有素的商人在对话中清楚地知道自己需要达到什么目的。

SECTION 1
注意听！

2.倾听需要受控。就算你在交流中是接收方，你也需要控制并过滤所吸收的信息，以达到你想要的目的。

3.倾听需要全身心投入。当你带着目的去倾听时，在对话中你必须保持敏锐的洞察力，这样才能提出正确的问题，在适当的时机插话，打断对方（这个话题我将在后文深入讨论），从而有效地推动对话的进程。

4.倾听是决策的前端。它是最可靠、最有效的方法，让你知道该做出什么样的判断。

我想给你讲讲一位高管的事，他是美国一家大公司的领导者，这个公司是美国最大公司之一。多年来，我大概每个月都会和他见面。他的开场白几乎都是同一个简单的问题："你怎么看这个世界？"这实际上已经成了条件反射，几乎还没说完"你好"，他就脱口而出这个问题。通过这句小小的开场白，他达到了很多目的。首先，他让人知道接下来是谈正事的时间。我一直把这个简短的问题理解为一个信号，那就是尽管这位客户和我很熟，但现在不是闲聊的时候，我们不该谈论假期，也不该谈论任何私事。我的客户想知道我对世界的看

懂得倾听
是学会沟通的第一步

法,因为这和他的生意相关。

其次,这也代表了一种考验,就像一个投球手把球高高地掷向场内,看击球手会不会退缩、犯规,甚至挥棒空击。可以这样讲,他在考验我是否有资格成为他的对话方,衡量我的投入度。根据对话方之间的关系不同,此项考验呈现不同的特点。在我们彼此了解不深之前,这位总经理根据我的反应,判断我是哪种倾听者。据此,他可以推断出我的思维模式以及我处理意见和信息的方法。一个人的倾听方式,可以精确地反映出此人的思维方式和综合能力。在我们变得熟悉之后,他就能以此判断我当天的状态:我是否处于最佳状态?我是心烦意乱还是全神贯注?我有没有认真对待当前话题?

第三,通过提问,他巧妙地控制了对话走向,将其引导至他所需要的方向。另一方面,这还意味着我可以告诉他,我想要从对话中得到什么,然后他会让我知道,他是否有时间及兴趣谈论我的议题。

起初,我会照直回答他的提问,说出我对世界的真实看法。随着多年来彼此了解的加深以及倾听和交流技巧的提高,

SECTION 1
注意听！

我学会了利用回答把对话引向我的议题。经过一番小小的你来我往，我和客户都明白了彼此需要从对话中得到的东西。当然，我们合作的时间越长，这个过程就越流畅。

他的议题相当复杂，反映了一个多层面组织在瞬息万变的全球经济格局中运作的巨大复杂性。令人惊讶的是，我们的对话很少超过一个小时。我们的讨论干脆利落、卓有成效，双方间或提出尖锐的问题。

毕竟，归根到底都是时间的问题，不是吗？我一直很惊讶，所有商人都抱怨工作日程繁忙，任务难以管理。事实上，我为他们的职业生涯感到悲哀，准确地说，是既难过又沮丧，因为他们基本上是利用这些压力作为借口，去为没有更好地倾听开脱。这群人中真正的佼佼者，那些日程最忙、任务最重的人，却从未为时间不够去争辩或苦恼。如果说他们挥洒自如略显夸张，但他们确实看起来并不匆忙。他们深思熟虑，花费一分不多、一分不少的时间，在每次对话和互动中老练地刺探、查问、引导、过滤，借此收集信息。我常常很惊讶，这些繁忙的领导者们在操纵对话的走向，甚至完全中断对话的时

懂得倾听
是学会沟通的第一步

候,竟然不会让人们觉得他们粗鲁无礼。

我来举一个极端的例子,诠释为了有目标地倾听而精心设计的对话是什么样。我认识一位高管,他会连续地给其他高管打电话,这样他就可以无缝高效地和他们交流,一秒钟都不浪费,无论电话那头是一位高阶政府官员还是另一位首席执行官。对话方的地位越高,就越重视全神贯注、训练有素的对话,正如他一样。

我希望明确以下观点:你不该认为仔细倾听耗费时间。恰恰相反,高效倾听节约时间。当美国中央情报局(CIA)前副局长约翰·麦克劳克林向我描述领导者面临的最大挑战时,我恍然大悟——真正的挑战就是"大量模糊不全的信息逐渐堆积……而你不得不采取行动"。从许多方面来说,倾听就是解决方案。高效倾听意味着你能够在对话中训练有素,控制有方,这样有助于你整理所有杂乱的信息。这意味着你能更快地从每一次交流中得到你需要的东西,也能确保你的对话方能得到其所需的东西。此外,它还节约时间。因为你不必重复同样的对话,而且当你采取行动的时候,也能做出更好的决策。在

SECTION 1
注意听!

商业世界中，没什么比糟糕的决策更浪费时间了。

那种看起来总是东奔西跑、火烧眉毛、淹没在周围信息旋涡中的疯狂高管，他身上的问题远不止时间管理不当那么简单。不管他自身有没有意识到这点，在我看来这种高管都无药可救。他就是那种信马由缰，任由环境摆布的人。不言而喻，没有管理者可以在任由外力碾压的情况下取得成功。

具有讽刺意味的是，这种人经常说他们没有时间去更好地倾听。大错特错。生物制药公司安进的首席执行官凯文·沙雷有个理论，他认为，由于没有培养出高效倾听的技巧，高层管理人员往往会精疲力竭。在他看来，倾听有助于更高效地运作，为他腾出更多的时间。在此意义上，他说倾听对日常管理工作有"节约效果"，他能以更平和的心态去工作，思维更流畅，不会被逼得心烦意乱。

高超的倾听技巧能提高你的注意力，增强你的控制感。你会看到自己的绩效和生产率得到改善。更重要的是，高效倾听的技巧能让你从周围的人那里得到更完善的想法。在最佳情况下，它有助于简化分析流程，促生更为集中的规划和更加可靠

懂得倾听
是学会沟通的第一步

的决策。

最令人兴奋的是,一旦你掌握了倾听的技巧,那么之后倾听就变得自然而然,毫不费力。我所说的这些技巧在实践中可能看起来过于刻意和烦琐。刚开始也许是这样,你也有可能会感到沮丧。不过,就像其他技能一样,随着时间的推移,它就会变成第二本能。在戴维·布鲁克斯的著作《社会动物:爱、性格和成就的潜在根源》中,他描述了一系列的认知研究,内容是关于明星运动员在奔跑、击球、射门或传球时,大脑是如何运作的。研究发现,进行同样的体育运动时,运动员的大脑实际上比非运动员的大脑更为平静。运动员们训练有素,所以他们不必花费精力去思考他们在做什么。动作行为和反应决定都形成了直觉。科学家给一组篮球运动员和非篮球运动员观看了相同的罚球集锦,但没有告诉他们是否罚中。在预测是否罚中上,运动员的预测准确率高得多,这是因为他们能够凭借直觉知道投篮者的角度、速度和动作是否正确。

从我的经验来看,成为高效倾听者的过程完全一样。起初,你似乎很难教会自己掌握这些新技巧。不管是学习新的

SECTION 1
注意听!

咏叹调或协奏曲、纠正高尔夫挥杆动作,还是提高罚球成功率,学习任何新事物,我们都要经历类似的过程。你需要将一项活动分解成最细微的步骤,然后研究、分析、纠正每一步,最后将其重新组合为一个无缝的整体。我知道这个过程并不容易,但你值得为此付出努力。和我一起坚持下去,随着时间的推移,我相信你可以和专业人士一样,挥洒自如地高效倾听。你的头脑会变得清晰冷静,你的直觉将发挥作用,你会为自己的高效多产而震惊。

02
你是哪种倾听者?

从医学院毕业那天,我举起右手,宣读《希波克拉底誓言》,背诵那些相当重要的语句,主旨是"不害人"。继续从医后我发现,尽管我原本是一番好意,可违背誓言最可靠的途径就是在误诊的情况下继续治疗。正如以前某位外科导师一次又一次对我说的那样:"如果你不知道哪里出了毛病,就治不好病人。"

这句话并不只适用于医学领域。在商界,没有正确地界定

SECTION 1
注意听!

或评估问题带来的后果相当可怕。这种商业上的误诊通常是由于没有得到正确的信息。必要的信息往往就在那里,可是商人们有时不知道如何找到它,或者对它视而不见。原因就在于他们的倾听技巧太差。要提高你的倾听技巧,首先你必须弄明白找不到、听不到所需信息的障碍是什么。你是否只听你想听的内容?你是否只回答你自己的问题?你是否在假装倾听?下面,我会描述六种更为常见的典型糟糕听众。我将这些称为"典型",因为没有人是单纯的某一种。同一个人在不同的时间和场合,可能会表现出任意一种典型的行为特征。实际上,我承认这六种典型的特征我都有过,甚至有时候是在同一天之内表现出来。我的目的是帮助你认识这些倾听综合征的具体症状——接下来就是困难的部分了——这样当你有这些糟糕行为时,就能有所觉察,你就可以像医生那样给自己做诊断。如果这些描述可以让你在做出令人不快的行为时,心中拉响警报,那么我们就在成功治愈你的毛病的道路上迈出了第一步。

许多晋升到管理层的男女们都深信,他们的成功应归功于

懂得倾听
是学会沟通的第一步

他们深有远见,坚持自己的判断,或者是他们有能力拨开周围纷乱的信息迷雾,清晰透彻地看清事物的本质。我认识一家大型工业企业的首席执行官,他是一位经验丰富的管理者。他有个习惯,别人刚说了三句话,他就会打断人家,陈述一个新的想法。"听着,"他会厉声说,"让我告诉你我的看法……"之后,他会斩钉截铁地发表自己的意见。这位首席执行官是我想说的首个糟糕倾听者的典型:固执己见者。固执己见者的核心问题是,他听别人说话的真正意图是为了知道那个人的想法是否符合他的已知事实。固执己见者也许以为他在聚精会神地倾听,事实上他可能也正是这样做的,但这并不意味着他在以一种开放的心态倾听。这种倾听者意图良好,但这种倾听方式的实际结果是让对话方感到害怕,或者至少有点不舒服。不管好坏,同事们的想法经常受到压制。

固执己见者让我想起了作家及商学院教授劳伦斯·彼得的俏皮话:"当我需要你的意见时,我会把意见告诉你。"固执己见者的明显特征,是他们惯用"听着……"开头,用"……对吧?"结尾。

SECTION 1
注意听！

　　第二种糟糕倾听者的典型比固执己见者更进一步。尽管固执己见者在倾听时被"我的想法是正确的"这一信念拖累，但牢骚满腹者却被"你的想法是错误的"这一观点所桎梏。我共事过的一位高层管理者，就是一个典型的牢骚满腹者，他毫不掩饰地轻视别人的想法，他将任何对话都视为某种无法避免的灾难，一场不得不忍受的徒劳痛苦。对待不同的人，这个牢骚满腹者表达不满的方式各不相同，但他的反应中似乎都隐含着同样的信息："你净胡说八道。你就是个蠢货。你怎么会以为我有兴趣听这个？"

　　我曾在他的公司中指导员工们如何与他打交道。我告诉他们，会议开头的十五分钟会像在地狱中那样煎熬，不过，如果你勇敢地坚持下去，他最终会认可你的想法。这是真的，许多次会议结束的时候，那个牢骚满腹者会说："好的，我知道了，现在我懂了。"然而，"最终此人可能会理解我的意思"这一想法起不了什么安慰作用。我知道公司里有很多人，每次需要向他传达想法时，都没有能力突破这些障碍。我担心随着时间的推移，这种情况将会给公司造成巨大的损失。

> **懂得倾听**
> 是学会沟通的第一步

2004年，电视喜剧演员乔恩·斯图尔特作为嘉宾出现在美国有线电视新闻网络的《交火》节目中。斯图尔特没有像人们期待的那样诙谐戏谑，而是与两位主持人对峙，说节目中的"辩论"和"演说"是骗局，是作秀，只是为了让他们倾泻自己的政治观点。电视节目主持人已经成为糟糕倾听者的典型化身，我称之为"布局者"。布局者那空洞无物的引导语和问题，实际上是伪装过的演讲，通常是为了限制他的对话方。布局者使用这种提问技巧来控制对话，或者发出警告，或者炮制出他想要的答案，就好像按照剧本念对白那样。

我最喜欢用来举例的一场布局式的对话，发生在我和某家医疗机构的董事长兼首席执行官的会议上。那位首席执行官向董事会提议做出重大昂贵的战略转型。董事长想听听别的意见，他邀请我和首席执行官一起参加筹备会议，看我是否能帮得上忙。我首先问首席执行官，他觉得我们会被问到什么问题。我看着手表，他花了整整十五分钟才谈到"我们是否做出了正确的战略决策？"这个简单的问题。在这段时间里，他不断地提出有倾向性的问题、反问、下断言，用这些手段迫使别

SECTION 1
注意听！

人相信，他的建议是董事会唯一该采纳的建议。难怪董事长会叫我来！当然，演讲、设问或反问的毛病在于它们是典型的单向沟通，对解决问题没什么帮助。

和布局者一样，喋喋不休者说得太多了，其反映的问题和前者一样令人困惑，但是更为微妙。喋喋不休者看上去好像参与了有建设性的对话，可如果你小心留意的话，就会发现他并没有真正地推动对话进程。实际上，他往往是在通过不断地重复，匆忙地修正微调他说过的话。他的目的不一定是要明确重点，通常只是要强调他的观点，或是要强行扭转你的想法，让你支持他的成见和偏见。我认识的一位高管有个习惯，他先就一个想法滔滔不绝地说上一番，然后停顿片刻，暗示他即将进入下一个话题。如果你胆敢在这个间隙开口，试图进一步讨论，他很可能会打断你，说一番和他刚才的思路完全一样的话。这就像你和他在进行两场截然不同的对话一样。

下面举个例子，这是我和一个喋喋不休者吃饭时的对话。他决定推进一个收购项目，并且当我坐下时，他已经喝完了第一杯庆功酒。

懂得倾听
是学会沟通的第一步

客户：这次收购的前景激动人心。在我们看来，价格太有吸引力了。

我：你有没有仔细想过，你们能不能真正地开发它的技术？

客户：这个嘛，当然想过啦。它的技术很棒，潜力更大，而且，价格还很便宜。

我：我之所以这样问，是因为有些重要问题需要考虑。比方说，你们的技术和它的技术之间没有明显的重叠，而且它的开发时间远比你们所习惯的要短。最后，我对你是否能留住那家公司的人才有疑问。

客户：我们捡了个大便宜，能赚九倍呢。

我：前提是你们能发展它的技术。

客户（沉默了很久，我误以为他在仔细考虑我的问题）：它的资产负债表看起来也很棒。没错，我喜欢它的价格，我们赚大发了。

喋喋不休者似乎总是一根筋。他专注于，有时甚至是痴迷

SECTION 1
注意听！

于某个特定想法或某套理念，就像谚语说的那样，"手中只有锤子的人，会把所有挑战都看成钉子。"喋喋不休者貌似看起来参与了对话，可你最终会发现，他的发言非但没有推动对话进展，甚至他可能都没在和你说话。他忙于把自己的想法说出来，最终目的是把所有人领回到他的思路上。

每个人都想成为解决问题的那个人，成为众人瞩目的焦点，提供解决问题的方案，或者为必要的行动铺平道路。最极端的问题解决者，在对话中表现为抢答者，甚至在还没明确挑战是什么之前，这种人就开始滔滔不绝地提出解决方案，显示他已经听够了你所说的话。从表面上看，抢答者似乎类似固执己见者，但他们之间存在着根本差别。固执己见者受到"自己就是对的"这一观念的束缚，很难从一场对话中学到什么。固执己见者很清楚状况，而抢答者则迫切地想要靠自己的才思敏捷取悦他人，或是让别人印象深刻。这个人似乎必须做屋子里面最聪明的人，但是更多时候，此人需要的是得到重视，成为必不可少的人。某些人认为，立刻知道答案是伟大领袖的标志。在电影《巴顿将军》中，这位传奇将军不就好像能立刻知

懂得倾听
是学会沟通的第一步

道所有答案,还能将其当作命令布置下去吗?动作电影多如过江之鲫,而关于艰难抉择的电影却寥寥无几,因为前者更具观赏性。可是在商场上,过早地公布答案极具杀伤力,会扼杀原本能有效倾听、获取信息的机会。不充分的讨论可能会导致你在对局面了解不足、认识肤浅的情况下贸然采取行动。

抢答者令人恼怒的地方在于他很少只有一个答案,他停不下来。如果你指出他的草率解决方案中的缺陷,他当场就有现成的修改版。"的确如你所言,不过我们只要……"他必须要反败为胜,于是不断地和你较劲。急躁是他的致命缺陷。

事实证明,这些典型的糟糕倾听者们通常没有效率,原因恰恰在于他们说得太多了。他们忙于发送信息,无法接收信息。那么,我们是否可以得出结论,安静有礼的倾听者才好呢?那也未必。

你有过多少次这样的经历?你与上司或同事交谈,优雅清晰地阐述观点,你确信你影响到了他们,因为对方会在所有合适的时机恰到好处地点头,在该笑的时候发笑。也许,他有时候还能说出你句子的后半段,不是用一种粗鲁的方式,而是

SECTION 1
注意听！

用一种表明他理解你的思路的方式。然而对话结束后，你就会有一种不舒服的感觉，觉得你说的话他一个字都没听进去；或者是他听到了所有的话，但全然不在意。此人是个出色的演员，刚刚进行了一场精彩的表演，他就是伪装者。伪装者对你要说的话没有兴趣。也许他对这个话题已有定论；也许其他问题分散了他的注意力；也许出于政治原因，他不得不装出一副倾听的样子。不论原因为何，如果他能卸下伪装的话，对大家都有好处。我曾和某位首席执行官共事过，他相信尽量诚恳是管理者的职责。他曾告诉过我，你无法伪装倾听，要么百分之百地投入，要么全然心不在焉。

我遇到过的最厉害的伪装者，是一家经营范围很广的医疗保健公司的首席执行官。我在心中称他为"西装男"。此人就像是按照角色量身打造的一样：英俊潇洒，聪明迷人。他的一举一动都恰到好处。你坚信你说的每个字他都全神贯注在听，你走出他的办公室时感觉棒极了，完全被他那善解人意的微笑所征服。这种感觉也许会持续一段时间，但你最终会发现，他根本没有按你说的采取行动，尽管当时的种种迹象都表

懂得倾听
是学会沟通的第一步

明,他在消化你所说的内容,他和你意见一致。"西装男"坚信,他的职责就是让公司中的所有利益相关者觉得他们得到了倾听,感到管理层与他们有联系,对他们关怀备至。如果这就是他唯一的使命,那他完成得相当出色,可我不得不问,代价是什么呢? 他让人们畅所欲言,却并没有领会他们所说的话。当需要做出决策或采取行动时,他无法从先前的对话中得到有价值的信息。结果就是有许多抉择是在信息不足的情况下做出的。他非常擅长以表面功夫让人感觉良好,可他并不是一个高效的管理者。看着"西装男"工作的样子,我再次意识到,单纯安抚组织成员和实际提升组织绩效是截然不同的两件事。

有时候你可能是一个很好的倾听者。然而,如果你扪心自问就会发现,在不同的时间场合,你多次有这些糟糕倾听的典型表现。在某些话题上或者在商业周期的不同时刻,你可能是个牢骚满腹者,但在别的情况下,你的表现可能更像一个和蔼可亲的伪装者。你需要能在自己和他人身上识别出每种类型的行为表现,这是提高你的倾听技巧,提高你所在组织的整体沟

SECTION 1
注意听！

通和决策水平的第一步。

我们可以像医生逐项排查可能症状检查表一样，使用这张典型糟糕倾听检查表。实际上，这只是诊断的第一步，但它至关重要。不跨出这一步，我们就无法迈上痊愈的道路。在下面的章节里，我将提供一些简单的策略，让我们离痊愈更近一步。

03
尊重你的对话方

百事可乐的首席执行官英德拉·努伊在接受《财富》采访时回忆道，关于与他人合作，父亲给她的最佳建议是，"假设对方心怀好意。"如果你这样做，她说："你会惊奇地发现，你对待一个人或问题的整个方法变得截然不同。你会试图去理解和倾听，因为你在内心深处告诉自己，'也许他们在告诉我一些我没听见的话。'"实际上，和你共事的大多数人都想把自己的工作做好，也想帮助你改善你的工作。因此，一般

SECTION 1
注意听!

来说,你可以默认"你和对话方选择了彼此"。

在帮助人们把工作做得更好的职业生涯中,我认识到人们通常已经掌握了很多解决挑战所需的知识,但他们可能没有意识到这一点,他们也许没有把所拥有的信息和所面对的问题联系起来。所以在进行一场对话时,我总假设我的对话方拥有许多必要的工具去想出一个好的解决方案。我的角色可能只是帮助他们提取这些信息,或者以新的角度看待它。当然,我可以举出很多例子,去展示优秀的倾听者能够从我身上汲取我以前不知道的信息,并最终帮助我达成更好的解决方案——有时候,我根本没想到我有能力解决那些问题。我花了不少时间,犯了若干错误才意识到,我的角色并不是像抢答者那样立刻提供问题的解决方案,而是为我的对话方指明道路,引导他们找出那些可能已然存在的答案。如果我和一个有三十年销售喷气发动机经验的人交谈,我必须尊重这一事实——他知道行业现状,他的知识范围内有答案能解决他想要讨论的问题。

下面的例子可以清晰地说明我的观点。有一次,我和一家大型工业公司的工程师们开会,这家公司主要从事研发业

懂得倾听
是学会沟通的第一步

务。我和公司的首席营销官共同参会,公司有一款新产品面市,销量低迷,她很担忧。这家公司历来由工程师主导,他们通常是杰出的产品开发者,但他们不理解为什么这款产品上市后销量不佳。当我和首席营销官开始与工程师们讨论产品所运用的新技术时,他们的热情打动了我:这群人是真正的发明家,我感受到了他们对新产品的激情,看起来这的确是一款独特巧妙的产品。我们时不时得打断他们,请他们解释各种技术术语。最后,他们终于解释清楚为什么它是革命性的产品,它比市面上的同类产品高效,并且更容易安装使用和维护。

首席营销官专心地听了几分钟之后,提出一个礼貌的引导性问题:"可是头三个月的销量并不如你们预估的那么多,对吗?"

"这个嘛,实际上我们一台都没卖出去!"团队负责人说,"我们以为这款产品会改变游戏规则,我们知道它有多棒。但它就是销量不佳。我们也不知道为什么。"

首席营销官等了一会儿,见工程师没有要补充的,就说:"好吧,你们似乎很确定这是款出色的产品,而且你们也说服

SECTION 1
注意听！

了我们俩。那么客户应该争先恐后地下单才对啊。所以，假设问题不在于产品的质量，那么客户给产品提了什么意见？"

"不知道，我们没和任何客户交谈过。"工程师回答道。

我们俩都惊呆了。首席营销官问道："那你为什么不和客户谈谈呢？"

"这个产品的研发过程是保密的，而且我们原以为产品的优点不言而喻。不过可能事实并非如此。也许我们应该加大推广力度。我想如果人们不太了解它的话，它的优势就不那么明显了。"

工程师的话一针见血。这款设备本身并没有任何问题，但客户们对于换用未经市场检验的新产品持谨慎态度。尽管销售团队把产品参数作为卖点，但他们还是没有买账。只要这些工程师和客户公司的技术人员打一通电话，就能把产品特点说得令人信服，就像他们为我们做的那样，而这一次他们还不用把技术术语说得通俗易懂。好戏上场了。几周之内，公司接到了大量的产品订单，最终结果和工程师原先预测的一样，这款产品改变了游戏规则。解决问题的答案从始至终都掌握在工程师

懂得倾听
是学会沟通的第一步

们手中。如果只有我和首席营销官研究这个问题，我们可能会怀疑产品本身有缺陷。但是，在经过高效倾听，找出问题之后，首席营销官从工程师们那里得到了更好的解决方案。她没有向他们传授出色的营销技巧，也没有贬低他们的方法；她带着尊重听他们发言，提出恰当的问题。

当然，有时需要提供问题解决方案的人是你，而不是你的对话方，你邀请对方商议，是因为你觉得此人也许能提供帮助。这种情况下，对话是否有帮助，也取决于尊重。启发和见解可能来自意想不到的地方，所以卓越的倾听者会集思广益，因为他们知道任何一个同事都可能会有令人惊讶的智慧。管理者们往往把同事们限制在不同的角色里，并假定他们只能在专业技能相近的领域中提供有用的见解。他们会和营销助理讨论如何更好地在欧洲推广产品，但不会问对方关于运营或战略的看法。尊重意味着认真对待别人和你说的每件事，并且在没有事实证明他们说错之前，相信他们所说的话。即使是销售部里安静的实习生也可能提供一些信息，帮助你找到更好的解决方案。

SECTION 1
注意听!

我很幸运,在职业生涯相对较早的阶段就牢记了这一经验教训。教会我的不是商务人士,而是一位医学院的教授。乔治·恩格尔发明了一种医疗模式,他称之为"生物心理社会学",其本质就是倾听。他相信,医生可以通过温和的提问,了解患者的生活、习惯、家庭、工作,从中梳理出大量任何可能(或不可能)与疾病相关的深层信息,从而更准确地做出诊断。"患者是你的老师,"他曾说过,"临床诊断的三个元素是观察、反省和对话……缺一不可。"他还给我们引入了一个理念——他治疗的每一个病人都是一项"N-of-1"试验[1]。他的意思是,每位患者的疾病和症状都独一无二,无法和其他任何患者做比较。我常常觉得这一课非常适用于高效的商务倾听。每个对话方都是独特的,有其独有的经验、意见、观点、理念和见解。正因为如此,每个人都值得你花时间和精力去倾听。

---

[1] 单病例随机对照试验,是一种基于单个病例进行双盲、随机、多周期二阶段交叉设计的随机对照试验。

懂得倾听
是学会沟通的第一步

我接触过一位管理者,是某家医院的首席运营官,他以最佳方式获取信息,并尊重那些提供信息的人。这个人喜欢四处走动,他在那家医院的走廊上来回走了无数次,和每个人交谈。他是个有趣的家伙,一根头发都没有,和人们交谈时他会把眼睛尽量睁大,从他的厚框眼镜后面盯着你看,像一只猫头鹰那样。他绝对不是一个伪装者。不管是和医院的首席财务官、擦地板的看门人还是患者的家属谈话,他的脸上都会自然地露出这种表情。我发现,他不断和人交谈远不止是为了鼓舞士气。他曾对我说过,如果不从每个人那里收集信息、征求意见,他根本无法经营像医院这样复杂的地方。他尊重每一位员工和患者,他们也都尊重他。在每次交流中,他肯定会在脑中记住一个想法或一个有趣的小故事,这样下次见面时,他就可以用它展开对话。这种做法不仅向每一个人表明他一直在倾听,而且还表明他与他们的想法和观点有共鸣。这位首席运营官之所以成功,是因为他完全讲求民主。他思维开阔,相信身边每个人都有自己的聪明才智,都有些好主意。他以这种态度对待每一场对话,并不仅仅是为了自己的利益。就像前纽约市

SECTION 1
注意听!

市长艾德·科赫一样,他总是问:"我做得怎么样?"不同之处在于,他还会问:"你过得怎么样?"他真诚地发问,并愿意帮助他人解决他们自己的问题。

显然,他是一个出色的激励者,但让他成为一个杰出管理者的,是他能够根据四处走动时得到的反馈信息制订具体行动的能力。无论是关于走廊上的指示牌,还是多久打扫一次检查室,甚至工作人员如何问候前来看病的患者,他都要在每一次谈话中发掘真知灼见。

当然,有些对话并不着眼于解决问题。你可能是总结某场激烈的谈判,或者是针对某次汇报给出反馈,甚至仅仅是询问同事母亲的健康状况。然而,尊重和高效倾听依然重要。正如医院的首席运营官向我展示的那样,即使是一些微不足道的信息或者看似无关的想法,在以后解决问题的时候也会有所帮助。此人并不会每次与看门人交谈都得到惊人的新见解;但每过一段时间,看门人所说的话中就会有一些内容,能让首席运营官重新考虑某个问题或情况。我们听政治专家说过多次,总统在虚幻的泡泡中做决策,很少能接触到美国日常生活中的艰

懂得倾听
是学会沟通的第一步

难困境。他们发问，当总统不知道决策会产生什么影响的时候，他又该如何治理国家呢？公平地说，总统往往很难打破这个泡泡。然而，对于企业的管理者来说，情况并非如此。打破泡泡，从组织中的各级人员、客户、供应商，以及组织外的竞争对手那里收集想法和信息，是透彻理解你所面临的业务难题的唯一办法。就算你没有得到任何启示，某个言论或想法以后也可能派得上用场。

随着时间的推移，尊重同事也会有所回报，以后他们会更愿意与你分享他们的想法。对话不一定要立即产生效果才有用或重要，有时它们的价值在于让未来的沟通更为顺畅，比如说那些非常简短或直接的对话。当我解释普遍尊重这一理念时，我的客户们喜欢引用这些对话。他们会说："你的理念很不错，但是我一天只有这么多时间。有时我别无选择，只能告诉别人我需要他们做什么，或者快速地告诉他们我想要做成的事情。"这也有道理。并非所有的谈话都关乎解决问题，许多高层管理者都喜欢下命令，安排下属完成任务。然而，即使在这些情况下，尊重也很重要。在下达命令或要求时表现出对对

SECTION 1
注意听！

方的尊重，会为日后富有成效的沟通奠定基础。如果你的团队成员知道你尊重他们，甚至在你的命令中都能感觉到这一点，下次在为解决问题而对话时，他们会更愿意表达自己的真实想法。

安进公司的首席执行官凯文·夏雷尔就是一个很好的例子，他知道如何去做，才能既维持尊重他人的氛围，又能推进工作、做出更好决策、采取更佳行动。他推崇相互尊重在组织中的重要性。实际上，他经常会在谈话结束后附上一张个性化的便条，复述他听到的一些要点。这不仅向他的对话方表明他在听，也能确保他没有理解错他们的想法。但他也意识到，尊重同事的同时，也必须尊重商业环境的快节奏。所以他会在交谈时示意对话方，他唯一目的是得到更好的答案。我注意到其他高效倾听者也有着和夏雷尔类似的方法。在收集更多信息的同时，他们还会做"收尾工作"。他们会问："你的意思是我应该这样做？""这是不是说你觉得我们该往这个方向努力？"他们的语气并不尖锐，而是专注直接。只要对话方能证明其想法在某种程度上与他们想解决的问题或想做出的决策有

懂得倾听
是学会沟通的第一步

关,他们就会鼓励创意和新点子。他们迫使对话方专注于这个思路,这样就能为他们所支持的创意增加巨大价值。

现在,我已经说明了尊重与你共事的每个人的智力潜能的重要性。不过,尊重也需要包容个人的缺点和独特之处。不是每个人都会去适应你,所以卓越的倾听者要学会如何去适应他人。从这个意义上说,卓越的倾听者就像变色龙。他们能迅速识别出对话方的特定语速和节奏,并相应地调整他们的倾听方式。实际上,有些倾听者明白,对话方说话风格的改变标志着其思维模式的转变,于是他们就会相应地调整自己提出的问题。

我们接着说那位医院管理者的事情。我形容过他像一只猫头鹰,但从某方面来说,他更像变色龙。他有着惊人的能力,能根据周围人的风格转变自己的倾听风格。那是一家超级大的医院,有来自各行各业的人们在那里工作。有些人来自美国的南方腹地,有些是高贵的美国东北部居民。有老年人,也有年轻人。有些人高中都没毕业,而有些人则毕业于高等医学院校。当然,就像所有大型机构一样,其中也有不少怪人

SECTION 1
注意听!

和异类。这位管理者能和所有人打交道。如果他们说话慢,他也会放慢说话速度(他曾提醒过我,语速慢并不代表人迟钝)。如果他们总是从一个话题跳到另一个话题,他也会跟随他们的节奏。

当对话方节奏变化是因为思路转换,而不是由于本身说话风格的时候,他也善于察觉出来。我见过他和一位护士长交谈。她不断翻来覆去地重复说过的话,可她平时是个相当善于表达的人,于是他意识到这次有些不寻常。让我吃惊的是,当她停下来喘口气时,他温和地问:"你在这方面不太认同我的观点,对吗? 为什么呢?"她如释重负地叹了口气,说出了一直困扰她的地方。

这位首席运营官培养出了第六感。他能察觉出谈话中什么时候、哪个地方发生风格转变意味着不对劲。我称之为第六感,是因为这种感觉很难培养。风格转变有时候说明没下定决心,有时候因为没达成一致,有时候则仅仅是说话风格问题。当然,实践会让你取得进步,随着时间的推移,优秀的管理者能学会如何察觉这些情况。同时,我还建议,当对方话的风格让你困惑时，可以问一些探索性的问题。比如说："我是不是听漏了？"或者："我们对此意见一致吗？"这样，至少你的对话方有机会充分解释。

当倾听技巧提高之后，你除了能觉察到语速或说话风格的变化之外，还能捕获很多非语言的线索。非语言沟通是社会心理学的一个领域，有大量此方面的著作。因此，我不会花太多时间讨论关于商务谈话中遇到的非语言类信号的含义。与其画张图表记录下每种非语言信号代表的含义，还不如培养倾听的习惯，让你能够注意到非语言的行为。这就是为什么保持安静非常重要。如果心理学家所言为真，大量的社会意义是通过非语言行为传达的，那么当你滔滔不绝地抒发空洞情感，或者给出冗长解释的时候，就会错过很多信息。

当然，你并不可能从每一次的点头或语调变化中得到有用信息。但在某些情况下，非语言沟通是无价之宝。例如，如果你觉得语言传递的信息和非语言所传递的信息之间不一致，那你就该警觉，你所听到的信息可能有问题。然而，我并不想让你认为留意非语言的行为只是为了捉到你的对话方说谎或犯迷

SECTION 1
注意听!

糊。归根结底,这依然是尊重的问题。在倾听的时候尊重对话方,持续接收其语言或非语言所传达的信息,并明白这两类信息可能都很重要,有助于你的业务。

既然我已经解释清楚为何要尊重你遇到的每一个对话方,我也必须承认你肯定偶尔会遇到一些人,他们的对话风格本身就不利于有效沟通。这个世界充满了各式各样令人生气的家伙们,他们乱开玩笑、瞎出主意、自恋成性、恃强凌弱、喋喋不休、因循守旧,这样的人会抽走房间里的正能量,甚至谈话还没开始,他们就破坏了气氛。有时候这些人会令你无法忍受,你耐心尽失,血液沸腾。虽然你已经竭尽全力,可不管你的经验有多丰富,技巧有多纯熟,你都无法克制住自己的怒火和沮丧感去做到高效倾听。时不时产生这种感觉很正常,只要你能适当从中抽离,意识到你的反应,就能好好处理。你可以尝试用一些微妙的暗示来挽救这场对话:"等我们在这个问题上取得一些进展之后,我很乐于和你交流这方面的话题。"如果你认为对话方可以接受的话,还可以更直接地处理这种情况:"这样谈下去不管用。我听到你的话了,但现在

> **懂得倾听**
> 是学会沟通的第一步

我必须把讨论限定在具体的议程上。"

如果这些策略不能让对话方靠近你的思路,而且对话依旧让你感到沮丧,那你还可以建议推迟讨论,就说需要更多信息才能进一步讨论。你甚至可以像布置家庭作业那样提出一组具体的讨论问题,就算不为了其他目的,能勾勒出下次讨论的框架和重点也好。如果你感觉下次当面谈话也会是同样的效果,那么情况允许的话,你可以改用书面形式讨论:"如果你可以把想法和建议写成简报给我的话,也许能够加快事情进展。"

很显然,这样的对话很难卓有成效。事实上,你也许会发现,尽管你的出发点很好,但一天之中总有那么几场对话没有太大效果。有时候,人们无法解决自己的问题,或者不能让你对当前问题产生新见解,或者他们就是令人讨厌,言过其实。关键是从一开始,你就要以假设能学到新东西的心态来展开每一场对话。如果你发现做不到,也不要让这件事影响你和此人的下一次对话。即使你全然怀疑对话方所说的内容,也可以保持开放的沟通渠道,在不认同他们所说内容的情况下,向

SECTION 1
注意听！

他们表示感谢，以示尊重："我听到你说的了，不过目前我并不认同你的话。或许我们可以下次再谈？"

有时候，我发现恭维对话方相当有用，采取这种方式展开对话效果非常好。尽管这听起来很老套，但如果你说得诚心诚意，并真诚地与其沟通，这种方法就富有成效，它会让对话方放松下来，有助其说出更新颖大胆的想法。这种方法能让双方坦诚相待，为高效倾听和解决问题打下坚实基础。有机会的时候试试吧。你可以在你信任的同事身上用这个开场白："知道吗，和你交谈总是有助于我思考。"然后看看会有什么效果！

懂得倾听
是学会沟通的第一步

04
如何在大多数时候保持安静

最近你很有可能听说有人在某个领域采用"二八法则"。或许"二八法则"与财富资源分配有关，或许"二八法则"是提升工作效率的参照指南，"二八法则"确实已经风靡各个领域。"二八法则"也同样适用于倾听，我的指导原则是：百分之八十的时间让对话方畅所欲言，而我只讲百分之二十的时间。此外，我力求将百分之二十的时间利用率最大化：尽可能多地提问题，而不是滔滔不绝地发表我的观点和看法。

SECTION 1
注意听!

有一次,我在课堂上解析"二八法则",一名MBA学生很聪明,他抛了一个问题给我:"如果对话中的双方都善于倾听怎么办?"

我这样回答:"那样的话,恭喜你!你们的对话会有效又简练。"

听上去简单极了,只要闭口不言就成了,对吧?可是知易行难,所以我将用整个章节讲述看起来简单明了的事情。大多数人倾向说出自己的想法,这很自然。强迫自己控制住这种冲动,就像要你突然听到吓人的噪音却纹丝不动那么困难。尽管如此,通过耐心练习,你可以学会控制住说话的冲动,提高对话的质量和效率。

我知道,身处领导职位的人会觉得自己不得不引导、管理或控制组织内的对话。但别被误导:在对话中听得多说得少,并不意味着你放弃了对话的控制权。针对性强的提问以及精炼又恰到好处的评论可以帮助人们了解新事实,开拓思维,转换思路,想出更好的主意。卓越的倾听者能采用机智的苏格拉底式提问法,将任意一场对话引向其想要的特定方

懂得倾听
是学会沟通的第一步

向。不一定是要实现预期目的,而是要涵盖重要领域,这些技巧还有助于你挖掘出意想不到的隐藏信息。最终,善于倾听者能更好地驾驭眼前的问题,做出更好的决定。

学会闭口不言也有其他不太明显的好处。在纽约市饭店用餐过的人都知道,桌子常挤在一起,你和邻桌近在咫尺,几乎触手可及,听到他们的对话也在所难免。不知道为什么,我通常被安排坐在显然是首次约会的准情侣的邻桌。让我惊讶的是,我经常看到一方大谈特谈自己的丰功伟绩,而另一方慢慢变得目光呆滞。诚然,面对令人尴尬的社交场合,东拉西扯是人之常情。我常想,话多的那个人如果能少说一些自己的事情,多问一些轻松愉快的问题,让本来可能对其有好感的约会对象也可以畅所欲言,那么这对准情侣也许就能交往下去,而不是后会无期了。

这个简单的人生教训几乎可以直接套用在管理方面。首席执行官们告诉我,在员工眼里,善于倾听的领导更有同情心,甚至更有吸引力。当然,倾听是必要的工具,而不仅仅只是人风格的问题。重点不在于成为一个更受欢迎的领导,重

SECTION 1
注意听!

点是当员工们相信有人在听他们说话时,更可能产生新的主意。领导者不需要对组织中的每一个新想法都采取行动,甚至不需要同意,重要的是要认真对待并尊重每个想法。只要做到这一点,就能在组织内创建一个舒适的氛围,让人们自由地传播信息,交流想法。

约翰·布赖恩在美国莎莉集团担任董事长兼首席执行官长达二十五年,他认为管理者必须要从公司员工那里获取信息,这是其职责所在。约翰会说这就是工作的定义。他深知保持包容环境,创造开放氛围的价值。他说:"管理者若不想听取其他可能性,员工就会保持缄默。"

与众多商业领袖一样,管理顾问喜欢说话,我也不例外。就某种程度而言,人们花钱雇我们来,就是做这件事情的。当我们灵光乍现的绝妙点子给客户留下深刻印象时,我们就觉得对得起这份薪水。但职业生涯早期的一次经历让我意识到,我在对话中的关注点是错的。那一次,我去拜访一位重要客户,急于给他留下深刻印象。我记得我走进房间,看到他俨如帝王一般坐在会议桌前,副手在他身旁。这位直截了

懂得倾听
是学会沟通的第一步

当、坚毅冷酷的客户来自美国腹地，他透过他的老花镜仔细打量着我。

他摆出了当前的问题："明年的预算不够，我们在让员工做出艰难改变。"我只听到了他对预算的担忧，于是他话音刚落我就说："有几种方法可以解决你的成本问题……"我立刻开始滔滔不绝地罗列那些我心目中的绝妙建议，供他精简业务。我语速飞快，说得越来越起劲。客户静静地听着，看起来聚精会神。他一言不发，除了不时抬头看我之外没有任何动作。终于，他有了动作。他抬手从桌上拿起一支钢笔，而我则继续我的演讲。我有些恼怒地看见他在一个小本子上写了些什么，然后撕下那页纸递给助手。助手读便条时，我看到他脸上掠过一抹不易觉察的笑意。

客户对我的绝妙主意无动于衷已经让我有些不高兴了，但像两个小学生那样传便条讲悄悄话，则超出了我忍耐的极限。于是我停下话头，问他们纸上写了什么。

客户向助手点头示意，"给他看。"

助手倾身越过桌面，把纸条递给我。客户只潦草地写了九

SECTION 1
注意听!

个字："这家伙究竟在说什么？"

值得庆幸的是，当时我能够退一步思考，看到其中的幽默之处，否则我的顾问生涯可能就此终结。我曾是个傻瓜。自负作祟，我培养的高效倾听的习惯一个都没发挥作用。我把这个事件看作一次学习的机会，幸运的是，这个教训还算浅显易懂。我没有去倾听。如果当时我注意到客户陈述问题的方式，如果我在开口说那番话之前能多问几个问题，更深入地了解客户的本意，我就该明白他真正关心的是在公司缩减规模时，找到方法维持员工的积极性。之后我没能闭口不言则是错上加错。我运气不错，在这种情况下，客户还愿意给我第二次机会。

想想第二节中提过的固执己见者、布局者、抢答者，这些典型的糟糕倾听者所犯的基本错误都是无法保持安静。问题不仅仅是他们在应该倾听的时候发言，而且他们在对话中毫无贡献。他们的言论没有关注、解释、说明对话方的想法，他们发言只是为了彰显听者地位，凸出自身形象，或者只是提供一堆毫不相关的想法。正如我所指出的那样，在商场上引起他人注

懂得倾听
是学会沟通的第一步

意的技巧常与领导能力联系在一起，尽管也有一些商学教授认为，浮夸外向是商业成功的大忌。事实上，由乌尔里克·马尔门迪尔和杰弗里·泰特共同研究的"超级明星首席执行官"项目指出，随着管理者名气的上升，其效率会降低。在一个名为"首席执行官重要特征和能力"的研究中，史蒂文·卡普兰、马克·克莱巴诺夫和莫滕·索伦森认为坚持不懈、分析透彻、高效谦逊和勤奋工作等关键特质与成功关系最大。我发现，许多高管的关键特质都是通过倾听表现出来的。首先，他们保持安静，之后全面、持续、认真地听取所需信息，解决面临的问题。

在这一点上，你可能会觉得我的告诫有些自相矛盾，一方面要保持安静，另一方面要做一个积极主动、善于探究的倾听者。事实是，要想学会倾听，就必须在保持安静和参与推动对话之间探索出一条合适的界线。要想知道何时参与其中时，不妨问自己一个简单的问题：我的评论或问题能鼓励对话方说得更多吗？不仅仅是更多交谈，而且是更多分析，更多信息，更多见解。这是一个有用的测试：如果我的参与能敦促对话方提

SECTION 1
注意听!

供更深入、更丰富的细节，排除其他冗余信息，或者理清其思路，那么我就应该参与其中，这甚至是我的责任。但如果我的参与会阻碍、破坏对话方的想法，甚至只是为了展示自己的想法，那我就有义务至少在那一刻保持克制。

在做出贡献和干扰对话这条界线上，有些人仅凭直觉就能拿捏得当，但其他人必须通过努力才能做到这一点。前美国中央情报局副局长约翰·麦克劳林就是那种看起来游刃有余的人。当我向他讨教这件事时，他说在参与谈话和保持安静这条界线上要谨慎小心，这也是他必须磨炼的技能。他建议在倾听时，尽量保持冷静中立，克制自己不要打断谈话，稍后再反驳。当然，他也承认，有时为了加快对话进展，有时为了改变对话方向，插入问题打断也是必要的。不过，他建议管理者们不要心急。如果一个问题汇报到了你的层级，那么它很可能值得你花时间在上面。

有时候，管理团队培养出了只有自己能掌握的独特倾听节奏。我相信，你肯定知道有些毕生挚友可以顺着对方的想法脱口说出对方还没说完的句子。或者有时你离一群孩子太近，能

懂得倾听
是学会沟通的第一步

听到他们的交谈，想要理解他们说什么，你看到的情况往往是一个孩子说了一半，另一个孩子接着说了下去，然后又有另一个插了进来。对于不知情的人来说，听起来像是打机关枪，但是这群孩子们似乎总能理解彼此。当然，电影的经典场景里也有这种情况，比如在《我盛大的希腊婚礼》这部电影中有一幕是喧闹混乱的家庭聚餐，往往是所有人同时开口说话，或者大喊大叫，似乎没有人在倾听。

这三种场景中的倾听都不是最佳倾听，但这并不是说他们之间没有交流。在每个场景中，少数组织中，成员们的特殊经验和共同经验结合在一起，让他们彼此有了一定程度的熟悉，长久的关系意味可以迅速展开交流。电影《收播新闻》中那个经典片段里，阿尔伯特·布鲁克斯对霍莉·亨特说："老地方见。"她完全明白老地方指的是哪里。我见过一些在一起同事多年的管理者们可以用这种方式交流，我和那些任期长的管理者们坐在一起，他们的下属能明白他们举手投足之间的含义。但是现在的公司频繁易手，管理层更替迅速，这种关系越来越像过去时代留下的珍贵遗物。

SECTION 1
注意听！

　　随着行为规则放松、交流速度加快，知晓何时打断对话变得更为困难。现在商界、学术界和政界都更加重视非正式对话。无论这种现象是好是坏，我有时感觉这催生了打断的文化。我们还尊重洞察力敏锐或反应敏捷的人。回想一下美剧《白宫风云》的剧情：总统的员工总是打断彼此，说出对方的下半句话，当然，他们的言辞清晰干脆。即使是年轻员工也可以愉快地与上司斗嘴，你来我往，妙语如珠。但这只是电视剧。在真正的商业场合，言辞尖刻或反驳迅速都不利于你解决问题。

　　通常，在商业或组织环境中，我们之所以想要在对话中打断别人，是因为我们急于结束对话，或者维护自尊。这些人性天生的弱点本来就难以控制，而迅速发展的信息技术在某种程度上加剧了这一问题。每个人都能轻而易举地获得无穷信息，每个人都可以即时通讯。不管是电子邮件、移动电话、即时消息还是贴吧，我们已习惯倾听多种声音，不断转移注意力。毫不奇怪，这些设备造成的思维定式影响了面对面的交流，对刚参加工作的人来说尤为如此。

懂得倾听
是学会沟通的第一步

当你有打断别人的冲动时，首先要做的就是保持安静！你在倾听时需要克制本性和条件反射。在想清楚你的言论对发言者和对话进程有何影响之前闭口不言——不回应，不评论。实际上，当我有意识地暂停对话时，喜欢默数五下。如果你成功保持安静，可能会出现短暂的沉默，令人不安。不要害怕，像大自然厌恶真空一样，大多数人厌恶沉默，他们自然会发表评论，打破沉默。然而，对话方在这些安静的时刻脱口而出的真知灼见可能会让你大吃一惊。我发现，有时候用点头表示我没有开小差很有效果。除此之外，我只是安静等待，倾听他们有什么别的要说。

不要预测对话何时结束，这可不是一场球赛结束后，人们在国歌演奏到最后三小节时就开始欢呼。因为可能还有些喜欢考虑周全之后再一次性发言的人没有开口，所以，如果对话方不再发言，好像在等我回应的时候，我会有意识地停顿一下，看其是否还有话要说。此外，如果你觉得对话方出于某些原因欲言又止时，就说一些引导性的话语，让他们能轻松表达，鼓励他们把想法说出来。你永远不知道他们要说的下一

SECTION 1
注意听!

句话是不是解开问题的关键。我喜欢简单直接告诉对话方："再多说一点。"说的时候要循循善诱，不要像审问别人一样，你是在鼓励他们重新措辞或者进一步说明想法。这样简单的问题却如此有效，简直太棒了。

有时需要打破沉默。毕竟，我的确建议过百分之二十的时间，你应该开口说话。如何知道自己该何时开口？什么时候打断比较合适？我喜欢给自己设置一条基本原则，即用提问的方式打断对话，或表示回应。如果我不同意某个说法，我会提一个探索性的问题。如果我想进一步分析某个问题，我会问对话方是否这样或那样想过。如果我不喜欢对话的走向，我通过提问重新定向。

为了确保只在合适的时候插话，我脑子里有一些问题清单，有助于我约束自己，不随意打断别人。我只在要把话题引向对双方更有用的领域时插话。我问自己：

1.我需要说明吗？
2.我想多听听这件事，或者之前的事吗？

懂得倾听
是学会沟通的第一步

3.我需要把问题分解,重点讨论某一方面吗?

4.我要换个不同的路线讨论吗?

5.我要不要提出一个反论点或新观点,让对话方重新审视他的观点?

6.我需要结束对话吗?

只要有一个问题的答案是"需要",那么我就会插嘴,利用我发言的那百分之二十的时间。只有在这种情况下才可以打断对话方。

在你说话的那百分之二十的时间里,你应该尽量多地提问题,将对话引向更有成效的领域。应用"二八法则"是为了让对话更为简短和有针对性。虽然大部分时间是对话方在说话,但是通过你专注的提问和及时地打断,他就能传达更多信息。你应该把自己视为舵手——控制节奏、引导方向。偶尔,为了得到更多信息,你会刺探挖掘。关键是要更高效地让自己和对话方迅速融入谈话,产生更好的想法,提供更多的信息。

组织中任一层级的人都能通过磨炼这些沟通技巧受益,不

SECTION 1
注意听!

过,对管理者而言,这些技巧带来的优势尤为巨大:

对管理者来说,没什么特质比"容易沟通"更吸引人。这种性格特征会让他人变得坦诚,愿意提供信息和想法。

如果你学会了倾听,并以正确的方式参与对话,即在合适的时机提出合适的问题,就会让人们更深、更广、更清晰地考虑自己的想法。

你会从对话繁冗的信息中筛选出需要的内容,并能更快地直奔主题。

你会更有效率地将考虑变为决策,将决策转化为行动。

这些法则如何在现实世界中发挥作用?再回到刚才所谈到的那个具有决定性质的会面,在那次会面中,我的咨询生涯险些终结。当客户说明问题时,他说通过预算的唯一途径是向员工提出更多要求。而我没有花时间去思考他的话,也没让他详细说明情况。我只听到他让我谈谈看法,于是开始炫耀我的知识。我本该怎么做呢?

懂得倾听
是学会沟通的第一步

首先,我该深呼吸,等待片刻。那么,客户很可能就会打破沉默,更清晰地阐述他的问题,让我能更好地理解他的困境。

假设我当时沉默了片刻,而他接着说:"成本总是要考虑的,但员工问题才是困扰我的地方。我很担心,如果我开始全面削减成本,我的员工会怎么想。"

这里,最好的反应依旧是等待。尽管他说完这些之后,似乎在期待我的回应,但让他继续说下去,我可能会得到更有价值的信息。也许我该微微点头,让他知道我正在思考他的话。

也许他会继续说:"老实说,我最担心的不是生产线工人,他们适应力强,知道我们正面临艰难时期。我担心的是领导层的这些家伙,他们认为预算削减与他们所坚持的战略背道而驰。我担心如果开始削减开支,会有大批人离职。"

到了此刻,尽管我一言未发,但是对话方已经告诉了我症结所在。如果刚才他没有说这些话来打破沉默,也许我会抛出类似"关于这点,你能再多说一些吗?"这样的问题,引导他继续说话。

SECTION 1
注意听！

在他继续解释时，我会把前面列出的所有问题清单从头到尾想一遍，看看是否需要打断对话，提出问题。也许我想更多了解一下过去的战略："他们坚持的战略是什么？他们如何理解新战略？"

或者我需要更了解哪些员工受到波及："你担心哪些员工？有具体的人吗？"

再或者，我也许认为他太快排除了这样一种可能性：削减成本或裁员会让生产线工人怀疑公司的前景。那么我就该问："你为什么坚信生产线工人不会因为削减预算而低落？你有没有想过工会发挥的作用？"

对话可能会沿着几条不同的线路发展，这取决于我认为哪个问题最重要以及提问的顺序。在每个十字路口，我肯定会重复这样一个流程：停下来，抑制插话的冲动，在适当的时机提问探究，引导我们找到更好的解决方案。还记得在第三节中，我说过大多管理者其实拥有问题的解决方案吗？如果当时我遵循这些步骤，我就会发现此人已经掌握了所有必要的信息，可以得出可行的解决方案，而我的角色仅仅是激励引

懂得倾听
是学会沟通的第一步

导他。

拉迪亚德·吉卜林在他的诗歌《如果》中提出了忠告："戒沾沾自喜，戒巧言偏辞。"[①]无论是对管理还是对生活，这都是金玉良言。诚然，要成为更好倾听者的重要一步是：不装腔作势，不自吹自擂，不要做布局者、固执己见者和抢答者。而是要停下来思考，必要时提问。这些技巧旨在帮助我们在倾听时理想地应用"二八法则"。

---

① 许景城所译版本。

SECTION 1
注意听!

05
挑战所有的假设

在我上大学前的那个夏天,我最好的朋友得到了罗切斯特红翼队俱乐部经理的工作。当时,那个俱乐部是巴尔的摩金莺队在我家乡的棒球分队。那年夏天,我和他在棒球场玩,有难得的机会可以观察传奇的球队经理厄尔·韦弗。此人后来带领金莺队获得了四次美国联赛冠军和一次世界大赛冠军。当时的体育解说员用"暴躁"或"爱找茬"这样的词来形容韦弗,但公认他是一位棒球天才。在十八岁的我看来,他相当可怕,是

懂得倾听
是学会沟通的第一步

我遇到过的最刻薄、最俗气的人。

韦弗并不是一个真正的倾听者,他总是处于愤怒状态,喜欢大喊大叫。当某个年轻球员因为精神状态不佳在场上表现糟糕时,韦弗就会把他叫到一旁,让他解释清楚。"跑垒员跑向三垒时,你为什么把球投向二垒?"他会听完球员的每一条理由,而他唯一的目的就是残忍地将之驳倒。通常他会声嘶力竭,言行粗俗不堪。

不过,伟大的厄尔·韦弗偶尔也会突然停下来,重新思考球员的某些解释。"但是我看到那家伙好几次转了个大弯,然后又跑回垒上。我以为如果回传二垒够快的话,我们就能截住他。"韦弗对棒球几乎无所不知,基于他所积累的经验智慧,把球投到二垒错到离谱。然而,尽管厄尔·韦弗脾气暴躁,但我仍然怀疑他有一种与生俱来的能力,能够吸收那些颠覆他现有假设的全新相关信息。在这样做的时候,大喊大叫的韦弗化身为倾听者。

厄尔·韦弗在出版自传时,将其命名为《全知之后的教训才算数》。这个充满禅意的书名可能与众人印象中的韦弗不

SECTION 1
注意听!

符,但它却让我印象深刻,多年难忘。脾气暴躁的韦弗找到一种方式,完美地诠释了倾听的基本原则之一:为了从对话中得到我们需要的东西,我们必须做好准备,挑战自己相信已久的假设。没有人能独自坐在办公室里做出正确决定。我指的不是商界人士每天做出的无数小决定,而是那些重大决定,或者是那一系列看似例行公事,但累加起来意义非凡的决定。单靠一个人很难解决重大问题。

在对话开始时,我喜欢问:"这场对话应该达到什么效果,咱俩才能都有收获? 我们知道些什么,或者以为自己知道些什么,至于剩下的那些,我们能弄清楚的有多少,弄不清楚的又有多少?"后者与前者同样重要,因为它可以提醒你,哪些决策是基于不完美或不完整的信息做出的。要掌握可知事实,通常你需要与很多人打交道,而要判断什么是未知事实,你需要与更多人交谈。可是因为很多商人心怀糟糕的事实或想法,他们做起来相当吃力。这是由于他们从未想过要放开自己的假设,也从未想过要从与他人的对话中汲取其他可能性。假设是大多数人在了解关键事实和观点时所面临的最大障

懂得倾听
是学会沟通的第一步

碍，而这些事实和观点会帮助你做出明智的判断。他们以为自己无所不知，或者至少知道最重要的部分，于是，他们就不再倾听任何会破坏这些信念的内容。实际上，说到假设，厄尔的看法相当到位：全知之后的教训才算数。

大多数时候，对于那些支配我们做决策的假设，大部分人符合"无知是福"的状态。在很多情况下，我们不会意识到这些假设，直到它们受到挑战。接下来，我们天性中的固执就会发挥作用，而且我们往往会固执己见，对现有的假设确信不移。不幸的是，这种确信不移的感觉并不能保证某件事的真实性。它并不一定是经由可靠推理得到的最终产物，不如说确信不移是一种感觉，一种与平静，甚至是喜悦类似的美好感觉。神经学家罗伯特·伯顿在他那本深具启发性著作，名为《人类思维中最致命的错误》的书中，探讨了这种"像你知道什么"一样的感觉。伯顿挑战我们对理性和客观等基本概念的赞同，他将这些概念描述为"确信不移的两大支柱"。伯顿收集了大量的实验证据来证明确信不移只是一种感觉，一种由大脑中的化学反应而产生的感觉或心理状态，并不一定与事实真

SECTION 1
注意听!

相有关。我们当然可以去相信"利率会保持低位,我们的竞争对手要到明年春天才会推出新产品,或者新市场的增长速度至少是成熟市场的三倍"。如果这些"确信不移"最终不过是错误的假设,那它们可能会对你的业务造成极大损害。对话为检验和挑战我们的假设提供了机会。确信不移以及你所确信的那些假设,会造成巨大的破坏,因为它们会让你闭目塞听。那句说了一遍又一遍的老话"我已经知道答案了",是固执己见者、布局者、抢答者,以及我所描述过的典型糟糕倾听者们必有的症状。

历史学家和考古学家伊恩·莫里斯在他的著作《西方将主宰多久》中提醒我们,在预测未来的道路上,人类已经失败多次。对于那些自以为知道历史进程的人,历史一如既往地让他们惊讶困惑。莫里斯援引了诺贝尔奖得主、化学家理查德·斯莫利的话。斯莫利常常拿他的科学家同事们表现出的确信不移开玩笑,"当科学家说某事有可能时,"他说,"他们可能低估了所需要的时间。但如果他们说某事不可能的话,那他们很可能是错的。"

> **懂得倾听**
> 是学会沟通的第一步

然而，我们都重复地落入同一个陷阱：我们让自己的假设和先入之见影响每一场对话，影响每一次新想法的引入，而这些假设往往会导致绝妙的想法或独特的见解尚未成型就已夭折。这在一定程度上是因为，要对根深蒂固的信念保持警惕并不断寻找证据挑战这些信念，是一个艰难而令人疲惫的过程。美国中央情报局的约翰·麦克劳林告诉我，为了克服这种认知惯性，他的办公室里挂着一块牌子，上面写着："颠覆主流典范！"

真正检验和挑战假设的大师之一，是虚构小说中伟大的侦探夏洛克·福尔摩斯。福尔摩斯的显著特征之一是他的演绎推理风格。我们都记得，福尔摩斯曾因为同伴华生未能得出他认为"很基本"的结论而严厉责备他。实际上，在大多数场合，福尔摩斯做出的推断一点儿都不基本，而是相当惊人。他卓越的能力建立在这种认识之上：假设永远不该成为定式，而应该不断受到质疑，得到修正。在阿瑟·柯南·道尔的小说《巴斯克维尔的猎犬》中，福尔摩斯一度尖锐地打断了正在滔滔不绝做推理的华生。"我最为不解的是，"华生说，"假设

SECTION 1
注意听!

我们所有的推测都是对的,为什么这头猎犬——"但是福尔摩斯打断了他:"我没假设任何事是对的。"这句话很简单,但它可能揭示了福尔摩斯为何能精彩破案的本质。他在已有证据的基础上做出合理假设,但从不认为这些假设就是事实真相。他没假设任何事是对的,因此,他没排除任何可能性。在另一个案子《四签名》中,福尔摩斯再次责备华生在推理时没有深思熟虑:"我对你说过多少次,当你排除一切不可能的情况,剩下的不管多难以置信,那都是真相。"除非真正不可能,否则就不能完全排除这种可能性。这句箴言对虚构人物福尔摩斯很适用,对我们的业务也有巨大影响。

就像夏洛克·福尔摩斯一样,真正优秀的倾听者永远不会丧失吃惊的能力。我喜欢给自己讲一个虚构的故事,有位可敬的物理学家,与引力、惯性定律和简单牛顿力学相关的一系列基本假设已融入了他的血液中,可是,他也对各种可能性持开放态度。"如果我向窗外扔一块砖头,而它腾空而上,你得相信我肯定会注意到的!"

打趣"永远期待意外来临"很容易,但是真正杰出的倾听

> **懂得倾听**
> 是学会沟通的第一步

者会更进一步。他拥抱意外,甚至积极地寻找意外,当然,说起来容易做起来难。传统上,美国国务卿会配备一名顾问,其主要职能之一就是直接挑战国务卿的假设,因此,国务卿必须有意识地重新评估其立场,要么坚持立场,要么发现隐藏的缺点。想象一下:一个人的工作本质上是经常关起门来,问国家智囊团最重要的成员之一:"你确定吗?"真是个好主意!艾略特·科恩曾担任过副国务卿康多莉扎·赖斯的顾问,他说他会与国务卿就她所面临的问题进行多次辩论。她需要有人与她进行智力上的辩论,质疑她的观点,提出新的可能性。

没有太多的公司或组织有预算聘用这样的人才,但优秀的领导者明白,不管怎样,他们需要将这项至关重要的功能融入他们的体系思维中。瑞士诺华制药公司的董事长魏思乐就是一个很好的例子。他认为,通常管理者不会倾听的原因是他们难以忍受未知。他告诉我,优秀的倾听者坚信,在一场好的对话中,最终双方会确定所有的不确定因素,并更好地理解它们。这些杰出的倾听者喜欢模棱两可的话,因为模棱两可的话给他们带来额外的能量,让他们的思维更加开阔。他将自己与

SECTION 1
注意听!

员工的互动描述为解决问题的动力,是让他产生新见解、听取新想法的场合。倾听使他振作,他需要倾听来促进他的思维,做出正确的决策。

和许多其他杰出倾听者一样,魏思乐也训练自己去倾听别人的言外之意。事实上我们很可能根本没有意识到每场对话中隐藏的假设。无论我们的本意有多好,有多努力尝试,都不能完全控制那些影响我们思维的假设。经过一代人的科学研究,人们发现,理性和智力在许多方面不如我们通常所认为的那样可靠。让我们来举例说明。请想想一种被称为"现状偏见"的特殊心理倾向,也就是人类无意识地抗拒改变的倾向。就算事物本身并不理想,但只要它们维持原样,潜意识就会觉得安全舒适。而另一方面,即使我们的理性意识到改变是有利的,也会引起焦虑。我们通常用一个例子来说明现状偏见。在美国,只有大约四分之一的人会在驾照上的器官捐献框里打勾,而有些国家的驾照是只有你不想成为器官捐献者才打勾,也只有大约四分之一的人选择不捐献。

现在让我们思考一下,这种行为惯性会对倾听造成何种影

> **懂得倾听**
> 是学会沟通的第一步

响。如果你带着一套固有观念参与对话，那么你就事先设置了一个障碍，你的对话方必须克服这个障碍才能开始交流。就像在捐献器官栏打勾一样，改变想法需要努力和有意识的行动，而人们天性抗拒这样做。

事实证明，还有其他一些偏见会影响理性。例如说"群居本能"，它让人们想要与周围人的行为或看法保持一致，其表现包括人们容易假设错误共识，高估别人分享看法或经验的程度。我们的潜意识里有过度自信的倾向，并且我们普遍无法准确地估计出环境的剧烈变化所带来的快乐或痛苦，这往往会让做计划变得更为复杂，心理学家称之为"享乐性适应"。

我发现，从大脑潜意识活动的角度来回顾2008年金融危机，是一项寓教于乐的活动。备受尊敬的金融专业人士似乎被他们的假设蒙蔽了双眼，他们确信无疑，认为自己"门儿清"。他们的决策受到从过度自信到现状偏见等各种潜意识倾向的支配。不然银行为什么会如此随意地发放房地产开发贷款，或者把收购其他机构的抵押贷款债券等当作一项有利可图的投资呢？几十年来，房地产市场行情一直看涨，似乎没有比

> SECTION 1
> 注意听！

购置房产更安全的投资了。它已经成为国民信念的一部分，就算少数人偶尔发出警告，也没有人理睬。显然，危机的根源远比房地产泡沫破裂复杂，但不可否认的是，深信这套假设几乎搞垮了整个经济。

人们不禁纳闷，那还怎么做出明智的决策？在面对如此多先天障碍的情况下，怎么可能有人判断正确呢？不过，当然常常有人能做出明智决策。而且，如果你能倾听别人的意见，以此挑战既有假设，就可以提高做出正确决策的概率。重要的是要记住，当涉及挑战假设时，我所说的并不一定是新技术面世，或者某些国际市场突然开放或关闭这类会显著改变商界游戏规则的事情，更多时候是那些微妙，甚至平凡，但是会产生深远影响的事情。我们不会花太多时间去考虑某家长期供应商能否一直供货，美元能否一直坚挺，或者某个主要市场的政局能否长期稳定。我们基于这些尘封的假设维持日常运作，为了理解它们，我们必须倾听那些不同的事实和看法，经常有意识地质疑、挑战我们的思维定式。

多年来，我在商界见过的卓越倾听者，都会要求自己和同

懂得倾听
是学会沟通的第一步

事在每一次战略对话中识别并挑战既有假设。只有这样做，他们才能从每次讨论中汲取所需信息。他们可能会问对话方："哪些因素让你产生了这样的想法？"或许他们问的问题没那么具体，只是为了让对方抽离出来，重新听一遍自己说的话，看看有没有需要重新思考的地方："你是说……？""你能解释一下原因吗？"这些倾听者对待自己的假设也是如此。他们总是把自己的假设表露无遗，供大家仔细研究。

美国教育部长阿恩·邓肯就是这样的倾听者。他相信，当身边有人坚定严厉地挑战他的思维、质疑他的推理时，他的倾听能力就会有所提高。如果他参加会议，他会确保每个人都发言，不让任何人沉默不语或者自鸣得意。他告诉我，作为一个领导者，他尽量让同事们明白，他们并非要达成共识。公司要的是共同行动，不是共同思维。他希望团队成员有不同的看法时，可以随时说出自己的观点。

我发现邓肯还有别的技巧，在某些情况下相当有效。他会故意改变某个事实或假设，看看这会如何改变他的团队处理问题的方法。这能使领导者和他们的对话方从现实情况中抽离出

SECTION 1
注意听!

来,刷新思维。如果在商业场合使用这个技巧,你可以这样问:"我们现在假设的客户流失率是百分之十,那如果流失率变成百分之二十呢?我们该如何改变战略?要是百分之五十呢?"有些人会选择改变数个假设,创造出一个虚拟的情境来考虑某个问题。"假设我们将在今年而不是明年推出我们的产品,但成本结构要比我们原本以为的高百分之十,我们的竞品会推迟面世,但其面世时会降价。"一旦大家明白是在假想的领域展开讨论,可以在没有风险的情况下挑战他们的假设,就会积极发挥出创造力。

有一次,我给某家准备加强并购业务的公司做咨询时,发现这个技巧特别有用。他们手头有很多现金,也有大量花钱的机会,但在经济衰退期间该公司没有接到收购的委托,因此他们的并购项目组业务生疏已久。机体中不使用的肌肉会迅速萎缩;对于可能发生的情况变化,人们疏于准备去应对。我和并购团队坐下来开会,我说:"听着,我知道这个想法对于体系来说有点令人震惊,不过让我们假设公司没有并购部,那么我们现在要为公司设立什么功能呢?公司的能力和策略是什

> **懂得倾听**
> 是学会沟通的第一步

么?"起初,这个问题吓了他们一跳。你得承认,这类假设的确会引发人们的情绪波动。尽管如此,这个小实验的结果仍然令人兴奋。它解放了团队成员的思想,让他们能清晰地表达真正的看法,而不需强行用事实解释他们已经做了的工作。从这个假设出发,我们往不同方向扩展虚拟情境,想象团队可以随意利用不同资源,或者有不同的人员配置,甚至接受不同的任务。

我经常把改变某个事实或创造一个虚拟情境的过程称为"可能性思维",以区别于我们更习惯的"二元性思维",后者把太多复杂问题简化为单纯的"是或否""好或坏"。利率并不只有不变或上升两种状态,而是会有上升百分之一、百分之二、百分之三等各种情况;然后我们讨论不同情况的可能性。"改变假设——改变对话的规则——赋予可能性",这个流程可以激发惊人的创造力,产生众多新颖的想法。然而,除非至少有一个(但理想情况下是更多的)对话方听得足够仔细、足够透彻,能够洞察其内在的假设,然后制订出一套对话策略,让所有假设都浮出水面,否则这种情况不可能出现。

SECTION 1
注意听!

在真正的商务会谈中会是怎样一个情景呢?迈克尔·刘易斯在他那本关于金融危机的畅销书《大空头》中,描写了一些有趣的角色,他们与金融业的传统智慧背道而行,从中获利。读这本书时,我不禁构思了一场对话。假设时间是2007年,人物是某家大型金融公司的首席执行官和她的副手(就叫他山姆吧),我们来看看这场虚构对话的走向。那是一场涉及公司战略方向的广泛讨论,期间他们预测了经济和金融行业的未来。或许山姆在讨论一项扩大银行证券化业务规模的计划,该业务已经为公司创造了巨额利润。为了故事需要,假设这个部门将次级抵押贷款打包成一个产品,然后出售给外部投资者。如果首席执行官善于倾听,并且意识到对假设确信不移的危险,她可能会阻止山姆,并问他:

"嗯,看得出来,这个计划不错,不过我们来想一想,有什么突发事件会破坏这个计划呢?发生什么事情会改变你的看法?"

山姆也许会停下来想一想,然后说:

"我想如果需求枯竭的话,我们就不会销售这个产品

懂得倾听
是学会沟通的第一步

了……到目前为止,市场对这种债券的需求不断攀升,丝毫没有停止的迹象,我们只是假设这种情况会持续下去而已。"

一条核心假设暴露了出来。但首席执行官继续施压:

"好吧,不过,发生什么情况,客户就不会再购买这些组合证券呢?我们对商业环境有什么假设,让我们相信对此类产品的需求不会停止呢?"

山姆又停顿了一下,然后大声地说出了想法:

"嗯,我想经济衰退的话,客户就不会再买了。如果经济下滑,那么基础资产就会贬值,我们出售的产品也会贬值。仔细想想,衰退并不一定要影响所有的基础资产——可能只要影响其中少数资产,甚至只影响某个类别,就会让投资者对任何证券类产品失去信心。我认为这有点牵强,但不能排除这种可能性。"

再说一次,首席执行官是个出色的倾听者,所以她喜欢这种大胆的想法。假设她进一步探讨这个话题,通过提问来帮助双方深入理解更极端的情况。"那你觉得什么情况会导致经济衰退呢?每一种情况发生的概率是多少?"接下来,话题转为

SECTION 1
注意听!

讨论该行的资产负债表和风险敞口。最终,他们讨论到了房地产。

山姆:"所以,我们在房地产方面的确有相当大的敞口。主要是按揭证券和债务抵押债券方面,这些证券我们要么在卖,要么只是为了分散风险才持有的。"

首席执行官:"好吧,那我们预期的违约率是多少?"

山姆:"照我们的模型演算,最坏的情况大约是百分之四。房价现在已经很高了,很难想象还会涨得更高。"

首席执行官立即意识到有现状偏见作祟。她转换思维方式,从二元性思维转向可能性思维。

首席执行官:"山姆,我相信你的模型是可靠的。只是出于讨论目的,我想列举三种假设情景,然后请你告诉我,它们对我们的业务会有什么影响,我们又该如何应对。假设违约率上升到百分之四,会发生什么?上升到百分之七又会发生什么?最后,假设最坏的情况,房价暴跌,违约率飙升到百分之十,这会对我们的业务造成什么影响?"

随着对话的不断深入,首席执行官有了许多洞见,让她在

> **懂得倾听**
> 是学会沟通的第一步

房价最终暴跌时能更好地应对。此外，这场对话给了她的副手山姆一整套截然不同的假设情境去思考。他没有必要立刻改变他的假设，但是，通过迫使他测试、辩护和修正他的假设，首席执行官让他在必要时能够更好地应对。高管们也许没有必要更改商业计划，但他们可能已经有了一些见解，能使他们在发生巨变时胸有成竹，不会像温水煮青蛙那样坐以待毙。

现在，我承认这场对话编得有些矫揉造作。这样做的目的很简单，就是为了说明倾听在实际中的运用，演示如何识别并检验假设。金融危机的历史根源极深，所涉范围极广。然而，如果当时政府、公司、企业，及学术机构中，人们能多这样交谈，我们本可以更从容地应对经济危机。

至此，我们得出了倾听的一个关键秘诀：善于发问。善于发问意味着用问题重组对话，以便了解更多信息。通过小心设问，我们可以挑战或者证实我们坚信不疑的假设，从而开辟新的思路。

在每一次短暂交流中都保持充分冷静、高度警觉，看起来是个不可能完成的任务，但是别害怕，我们要求的只是更加仔

SECTION 1
注意听！

细地倾听，不必翻来覆去地讨论每个决策。就像在钢琴上弹奏音阶一样，随着时间的推移和不断练习，这项本领将成为你的第二本能，它永远不该拖慢或者妨碍你的决策过程。从一开始就以正确的方式去做假设，肯定会为你节约时间，也省去你重新处理问题的精力，避免重蹈覆辙的代价。它会让你更有效率、更直截了当，让你有更大概率做出明智决策，从而更快更可靠地采取正确行动。最重要的是，坚持错误或陈腐的假设对任何组织来说都是致命的，适当地挑战它们可以成就你的事业。

06
保持注意力

每一位外科医生回想起自己的实习期,都会将其视为战火的洗礼,我也不例外。20世纪70年代末,作为一名加州大学洛杉矶分校的外科住院医师,我在小马丁路德金医院做轮换,这所医院位于洛杉矶,地处陷入混乱的沃茨区。暴力受害者在小马丁路德金医院的急诊室中并不鲜见,但有一个周末场面极其残忍,令我印象颇深。周五的时候,带着枪伤和刀伤的伤患涌向医院,还有些是遭到殴打或遭遇"车祸"的伤患。在接下来

SECTION 1
注意听！

的三十六个小时里，我的团队做了二十台手术。回想早期电视剧《陆军野战医院》里那些如浪潮般涌入医院的伤员，你就能体会到那个周末身处那家医院的感觉。

那天，医院几乎陷入失控局面——警车和救护车争相鸣笛，医生和护士忙得焦头烂额，防暴警察在走廊巡视，走廊上挤满了仍希望打完这场战役的人——手术室里，我们尽量有条不紊地工作。我们的脑海中只有一个任务：抢救我们眼前的这些伤患。这意味着我们要摒除一切扰乱思绪或者分散注意力的事情。我们需要尽快汇集信息、评估信息，然后根据信息选择相应行动。如果我们没有办法做到完全"在状态"——将所有的注意力集中在手边的问题上——我们很难做出能够救命的决定。完全没有犯错的余地：要么我们救回了患者，要么患者丧命。

我不记得所有病例的细节。即使在那时，我们也担心自己会忘记哪个病人做过什么治疗，所以我们在伤患的手术绷带上作了笔记，以便事后回想。我记得一个又一个的病人被推进手术室，又被推出来；也记得我不得不强迫自己立即遗忘前

懂得倾听
是学会沟通的第一步

一个病例,为下一个病例腾出空间。我回想起被手术包围了一整天后,完成最后一台手术时的奇怪感觉,就好像世界的其他部分骤然回归到我的脑海中。直到我们都放松下来,开始留意周遭发生的一切,才知道我们的意识与外界隔离了那么久。

也许创伤医院是一个要求在工作环境中心无旁骛的极端例子。毫无疑问,还有数以百万计的人,从要在风暴中迫降的飞行员,到午餐高峰期的快餐厨师,再到紧张激烈的拉锯战中的网球选手,都经历过那种高强度工作。我有一个弹奏班卓琴的朋友,声称在他练习乐器弹拨、通过无数次反复弹奏训练手指的时候,几乎感觉不到时间的流逝。我提到过,当一些精英运动员"沉浸其中"时,时间似乎放慢了脚步。他们觉得自己可以看得更多、听得更多,本能与强化过的意识相互作用,快速处理多方输入的信息。飞行员、厨师、音乐家和外科医生也有同样的感受。经验会生成肌肉记忆,于是在那些时刻,训练有素的人无须专注于每个动作或技术,而是专注于更广泛、更深层或更重要的问题。

SECTION 1
注意听！

　　拿倾听做类比就很明显了。这是一种切实可行的技巧，它在你无意识地使用技巧帮助自己集中注意力并消除周围的干扰时，会产生更好的效果。就像任何其他技巧一样，随着你锻炼出了肌肉记忆，它就变得更加容易。就倾听来说，我们所讨论的是你两耳之间的肌肉。

　　在一个工作情境中，正如手术室或飞机驾驶舱内，很有必要集中注意力，将手头的问题和待做的决定隔离开，并将任何无关的细节和情绪分离出来，那些情绪可能影响你，让你无法清晰谨慎地倾听。这种专注应该是倾听的目的。无论男女，商务人士每一天都要处理诸多挑战和问题，这很容易让那些持续不断的心理活动变成回旋在脑海里的虚拟杂音。高效倾听要求你屏蔽那些噪声，专注于眼前的对话。有时候，你会觉得某个想法或者问题特别重要，无法将其丢在一边。但是，与其把精力浪费在自己琢磨上，不如专心与对话方讨论更有成效。爱尔兰诗人、剧作家和小说家奥斯卡·王尔德说过他有时候会与自我对话，但他不推荐这种方法。"我喜欢听自己说话，"他曾经说过，"我经常与自己长谈，我实在是太聪明了，有时候我

> **懂得倾听**
> 是学会沟通的第一步

都听不懂自己在说些什么。"你的脑子里已经有很多让你分心的事物了，不要雪上加霜，落入王尔德式的陷阱，被自己的才华所迷惑。否则，你不仅搞不明白自己的想法，也没法听进去对话方的发言。

我尝试将倾听的艺术视为一门手艺，我发现将注意力挑战分为智力和情感这两个层面，有助于解决难题。首先我们谈一谈智力上的挑战，正在进行的商业项目和问题不断涌入我们脑中，让我们的思维超负荷运作，这会损害我们的注意力。管理所有这些外部刺激需要一个叫作"分隔"的过程。如果你正在倾听一场新品推销会，但同时又在思考给下属的绩效考评，你就是在浪费开发团队的时间，也可能错过一个重要的倾听机会。

我观察过一些掌握分隔艺术的行政领导。无论一场会议或对话有多耗神，他们似乎都能专注处理此事，在其告一段落之后，他们就能够同样专注地处理下一个问题。记得在职业生涯早期，我曾与一家科技公司的总裁一起参加过会议。起初，我们像橄榄球运动员似的围聚在免提电话周围，试图与客户匆匆

SECTION 1
注意听!

敲定一份复杂的合同。合同条款如迷宫般繁杂,我还记得我们被增增减减的条款及说明持续轰炸。电话结束时,我们重新磋商了整个协议。结果,首席行政官被迫权衡一系列截然不同的风险,他的公司也不得不根据新条款来应对这些风险。他们推迟到第二天再做最终决定。尽管我只是一个顾问,并非当事人,可无数的合同细节仍萦绕在我的脑海中。潜在的新风险严重地影响了我。我只能靠想象去感受那位总裁的思想斗争有多激烈。

会议结束后,我直接跟总裁回到他的办公室,一群投资银行家聚在他的办公室里,等着商讨公司部分债务的重新融资问题。我们直奔主题,浏览各种方案和成交点,它们和客户的合同一样复杂,难以处理。我头昏脑涨,这两笔交易几乎混成一团乱麻。但总裁冷静地听着,像闲聊明天天气似的向银行家提出问题,细细探究。我敬佩他的分隔能力,他能够先将一堆问题束之高阁,优先解决另一堆问题。他的自我约束能力和专注度令人折服。

说到情绪部分,当我们的情绪和焦虑发挥作用的时候,类

> **懂得倾听**
> 是学会沟通的第一步

似上述的情况会变得更加复杂。假设那桩重议的交易对公司的长期生存起决定性的作用，还会威胁到总裁的职业生涯。或者假设自己就是和老板讨论重组方案的人，而这套方案会大大降低你的影响力或权威性。在这些情况下，你是否能够以开放的心态去倾听，提出有用的问题，帮助管理者做出明智决策？假设你渴望一个你喜欢的项目能成功，而这妨碍了你倾听同事们讨论该项目本身存在的问题。在对话中，你能无视自己对此项目的情感支持吗？

你和对话方之间可能会出现许多其他的情绪反应。我用解耦这个术语来定义将情绪和对话内容分开的过程。你难道没有发生过这样的情况吗？你边倾听别人说话边想："噢，得了吧！说重点！"或者是，"我们已经讨论过这个了，你说的东西和五分钟前没什么两样，只是换了种表达方式而已！"在你意识到这个问题之前，这种不耐烦的感觉就会把你变成固执己见者或抢答者。你急于推动对话进展，于是毫无意义地打断对话，抢着说对话方的想法，只为了进入下一个话题。你的不耐烦甚至可能与对话方没有任何关系，可能是因

SECTION 1
注意听！

为你议程表上的下一事项，也可能和迫在眉睫的截止日期有关，你感觉这个截止日期似乎随着对话中的每一次转折步步逼近。

类似怨恨或者嫉妒之类的情绪也会妨碍高效倾听。但也许最有害的负面情绪是所有形式的威胁。如果你在对话或会面中感觉受到威胁，就无法妥当地处理信息。你听到的所有声音都是威胁，也许就会错过那些可能对你要做的决策造成影响的事情。就像美国国土安全部发布的一系列"威胁等级"和警报一样，个人也要应对一系列的威胁。作为弱势的一方，我们感觉自己的地位或者声誉受到了威胁，从而产生防御心理。在对话中，我们忙于为自己辩护，没办法"专注当下"，把注意力集中在倾听上。

我们感受到的威胁可以从不同程度开始，上升到真正的恐惧点。连最基本的管理培训都教导我们，在评定员工表现的时候，评审员不应该从负面的东西开始。我们知道，一旦你把某些会被某人视为威胁的东西摊开来说，他就会把全部注意力放在这件事上，对你所说的其他事情充耳不闻。当你觉得有把枪

093

> **懂得倾听**
> 是学会沟通的第一步

抵着你脑袋的时候,你做不到倾听。

积极情绪可能和消极情绪一样危险。也许在对话中会出现一些重要的想法,让每个参与者都兴奋起来,谈论所有的可能性。有那么一会儿,你会因为出现新观点而乐观。但是你要注意,就像生气和恐惧一样,极度兴奋也会干扰你提出正确的问题,妨碍你进一步探究,或者妨碍你检验或挑战此次讨论的潜在设想。

有时一个主题就是让你疲惫不堪。也许你参加了太多探讨成本控制的会议;也许你已经坐了太长时间,反复为同一个棘手问题斟酌相同的解决方案。精神疲劳和挫败感是一枚硬币的两面,可以像任何其他情绪一样,让你在一场对话中开小差。真相很简单,任何妨碍你专心致志地参与对话的事情都会阻碍你有效地倾听。我原先有个同事,是位精明的成功人士。他有个奇怪的、偶尔会令人懊恼的习惯,在会议期间,甚至是一对一的对话当中,他会"退房"。他会遁入白日梦,或者让思绪徜徉在他感兴趣的其他事情中。如果你留神的话,就可以从他的眼中看出来,从他的态度中听出来。我常常拿这件

SECTION 1
注意听！

事情和他开玩笑。"嘿！"我会试着让他回到现实，"你刚才去的地方好玩吗？"我们都会发笑，但关键在于，他去的地方好不好玩都不重要，不管他去了什么地方，他都停止了倾听。

没有人会认为自己能够摒除所有互动中的情感。我们可能都欣赏《星际迷航》的斯波克先生，但没有人真的想变成他，至少不愿意一直变成他。我们不想被人看成是麻木不仁或者呆板的人。但在某些情境下，我们必须意识到，若想最有效地发挥作用，就要从自己的情绪中解耦。让我们回到多年前那个手术马拉松般的周末。我的职责——我唯一的职责——是尽可能地治疗那些患者。如果我一直担心等候室中的病人家属，或者担心自己工作中的某些问题，对手术台上的患者没有任何好处。同样，任何一个面临严峻问题的人，不能停下来担心每次转折带来的情绪影响。你必须看清眼前能促成明智决策和有效举措的事实。

想想军事训练。当然，你必须积累一个新的知识储备，并学习如何以不同的方式思考，但这种训练的很大一部分旨在重建实战环境。受训者有意识地去适应这些条件，于是当他们需

懂得倾听
是学会沟通的第一步

要在这些条件下工作时，外部环境就不会对他们造成影响，占据他们太多的注意力。

当我成为成熟的商业人士时，我发现我更关注问题本身，而不是问题的周边条件。我变得更加平静，较少分心，在分隔和解耦方面也做得更好，注意力更加集中。我感觉随着舒适度和信心的提升，面对的风险越高，我越觉得时间没那么紧迫。我能够更好地倾听，接收处理更多信息，更有效地沟通，更快地做出明智决策，从而采取更有成效的行动。我做事越加得心应手。

我可以听到你在抱怨："现在我该变成禅宗大师吗？用意志让自己远离尘世喧嚣，只专注眼前的琐事？"诚然，描绘理想情况很简单，但要做到很难。相信我，我不希望任何人成为某种完美的倾听机器。大家可以把我所提出的建议和那些行动当作通向理想情况的路标，如果我们没有到达目的地，至少保证我们在稳步前行。

有些时候我身处会议或者对话中，知道自己心烦意乱，而我不得不面对这样一个事实，那就是作为对话方，我做得不够

SECTION 1
注意听!

好。显然，这些对话不太可能让所有人达到他们想要的预期效果。每个人都该有心理准备，这种情况会不时发生。这很自然，并不代表任何人的失败。当这一切发生时，诚实面对自己，并采取措施纠正这种情况。

你可以采取的最简单，同时也是最极端的方法就是"拉开伞绳"——跳伞，然后拉开降落伞的伞绳。如果你意识到注意力不够集中，无法为对话方创造价值，情况允许的话，最明智的做法就是推迟对话，等到你状态不错的时候再重新开始。你可能觉得这样做很粗鲁——告诉别人因为你无法集中注意力，所以想要终止对话，但是恰恰相反，我认为让对话方知道你不想浪费他们宝贵的时间，体现了你对他们的尊重。拉开伞绳的机会不常有，有一些对话不能推迟，而有时候社会节奏或公司形象问题让你无法终止对话。在这些情况下，你需要坚持下去，承认自己的注意力不够集中。

当跳伞这个选项无效的时候，你可以做些什么让思绪回归对话中呢？我有一些管用的简单技巧。在前面的篇幅中，我提到过意识的二元性。佛教徒用"正念"这个词来形容完全

懂得倾听
是学会沟通的第一步

"在当下"的表现。与此同时,还可以抽离自我,有效地观察体验当下的自己。分心的时候,我有时会和自己做个游戏,想象当下的对话被拍摄成电影。我们在片场,我假设自己扮演导演的角色。这样的假想能让我从对话中抽离出来,思考这一幕的主题是什么,主演是谁,台词怎么写。当然,你可以说这种技巧是带有目的的分散注意力的方式,但实际上,它能够让对话中的关键元素更加清晰。它会减慢对话速度,让你的大脑安静下来,排除其他干扰你的噪声。

记住,好的倾听者善于发问,这有助于你集中注意力。给自己制订一个目标,将对话的各种元素提炼成一个杀手级的问题,就像能够将一台新设备变成必需品的"杀手级应用"。杀手级问题就像一个卓越倾听者的魔术子弹,这个问题能让你和对话方都集中注意力。想要提出杀手级问题,会让你有动力去专注倾听。你会更具批判性地思考向你涌来的信息,你的思绪会专注于此时此地,而不是放任它徘徊于上场会议的遗留问题中。

在某些情况下,我会选择一个过时的方法来集中注意

SECTION 1
注意听！

力：做笔记。这不是我最喜欢的技巧，部分是因为我发现有时别人做笔记会让我分心。我承认，这会让我质疑他们有没有在好好倾听，他们是不是专注于记录我们所说的话，而不是更加自然地参与对话，消化内容。我永远记得一个我共事过的人，他掌握了记笔记这门神奇的艺术，他能够在与对话方保持眼神交流的同时做笔记。具有讽刺意味的是，我发现他的这种技巧更让人分心，因为我只会想一件事："他是怎么做到的？"我认识一些不在会议或对话期间做笔记的人，但会议一结束，他们就会赶快记下一些关键信息。这种方法两全其美。不管用哪一种方式，简要地记下一些笔记是很有用的短期工具，有助于你专注对话内容。

　　这三种技巧中的每一种都迫使你从对话中抽离，确定手头的基本事务和问题。通过从对话中抽离，这些步骤可以帮助你回归对话。它们减少了你脑海中的干扰，这样你就可以成为真正积极的倾听者了。我们已经建立了这样的概念——高效倾听需要你的参与。从某种意义上说，分心与主动参与背道而驰。我的经验是，当你采取行动积极参与的时候更容易集中注

懂得倾听
是学会沟通的第一步

意力。对我有用的技巧可能不适合你,但要记住这个基本理念——当你不再专注,掉入低效倾听的陷阱时,问问自己要怎样才能开始高效倾听?

随着时间推移,我共事过的大多数管理者们都逐渐培养了自己专注工作的能力。但是部分人有过一些能够加速他们学习的生活经历。有两个人令我印象颇深。其中一个是一位天主教修女,她在太平洋西北地区建立了一个颇具规模的医疗保健系统。每当她的世界开始变得忙碌不堪时,她就会更加平静。一天晚上的管理会议中,我和她单独坐在一家酒吧里,享用着自己的那一大杯詹姆逊威士忌。我问她,当她周围的整个世界似乎开始失去理智时,她如何能达到这种平静的专注状态。她笑了笑,向天上挑了挑眉毛说:"天主保佑。"

还有一位总经理,我很钦佩她的专注和镇定,她回答了同样的问题:"我家里有四个孩子。无论工作中发生了什么,都比家里闹哄哄的一团轻松多了。我跟你说,那些孩子把我训练得相当到位!"对我来说,她们完美地解答了我的问题。

现在你已经配备了有力倾听的基本工具:尊重你的对话

SECTION 1
注意听！

方、保持安静、挑战假设，并且保持专注。当你掌握这些技巧时，你会发现你积累了大量的信息和想法。你越擅长倾听，就越能积累更多的信息和想法。现在，你所面临的挑战变成了如何管理这些信息，让它们为你服务。

SECTION 2
梳理混乱

SECTION 2
梳理混乱

既然我已经介绍了有力倾听的基本工具，现在该培养一些技巧来利用你所听到的信息，以便你做决策的时候更加精简明智。这包括：

◎ 确定对话内容
◎ 从任意对话或会议中获取重要信息
◎ 引导对话发展，确保收集到所有信息
◎ 知道如何分类、处理接收到的信息
◎ 把信息归档，这样你就能牢记、回想并在必要的时候运用它们

> **懂得倾听**
> 是学会沟通的第一步

此刻,你已经深刻理解到倾听是一个积极的过程,在此过程中,你要采取行动以增加扩展你所知道的信息。我已经证实,每个出色的倾听者都善于发问。事实上,提问是倾听这一过程的关键部分。通过发问,你可以积极地参与到对话中去,可以得到你解决业务问题所需的事实和数据。我在本章中介绍的系统,是用来帮你确定该问的问题的,并告诉你收集到信息之后,该将它归为哪类。我想帮助你建立一个信息框架,它会帮助你想出正确的问题,让你能够把纷繁复杂的信息加以筛选、整理、分类,然后应用到你的决策中去,采取行动改变现状。

为什么我如此重视构筑一个对你行之有效的信息框架?理由很简单:着眼于重要业务问题的对话相当复杂。有时候,对话内容特别发散,你就需要一个倾听系统,将对话置于适当的语境中。你需要弄清楚如何让事情条理清晰,以便于你处理并记住信息。你要在脑海中时刻保持思路,知道怎么提出下一个重要问题,这样就可以填补关键空白,确保在需要做决定时,拥有全部所需事实。

SECTION 2
梳理混乱

考虑这个框架时,我想象中的画面是一组装文件的抽屉,代表着解决商业问题和行动的各种类别。对我有用的类别是任务、计划、团队、执行和私人事务,这些类别所涉范围广,通用性强,综合起来相当全面,足以涵盖管理者们面临的大多数问题。商务对话几乎总是围绕着这些话题中的一个或多个。我提供这些通用的类别,作为你们构建倾听框架的参考,请不要用它们来取代制订战略和管理组织的详细理论和实践。我只是试着列出一些中心关注点,你可以将其转化为文件抽屉,组织管理你的倾听。如果这个讨论激起了你对战略和管理理论的兴趣,想要更深入研究的话,图书馆和书店里的相关著作浩如烟海。

这些文件抽屉帮助我将听到的信息分门别类地储存起来,也有助于我记住还有哪些问题要问。在这些类别中,我还可以想象出文件夹,代表可能与上述主要标签相关,却更为具体的问题,包括各式各样的主题,比如衡量标准、时机、风险、组织所需物资、技能组合等。

我本人有一套仔细考量、主动倾听的系统,这些文件夹

> **懂得倾听**
> 是学会沟通的第一步

和抽屉构建了这套系统的基础。你用到的抽屉和文件夹也许与我的不同，这很自然。大多数经验丰富的商务人士都自有一套独特的偏好，设计出了个性化的相关类别和问题体系。事实上，我认识的某些管理者对他们的组织体系有不同的看法。比如说，诺华制药董事长魏思乐在交谈时，会想象出一张路线图，并利用这张图来引导讨论方向，从宏观大局出发，进而深入到需要阐明和澄清的细节。如果你选择文件抽屉作为你的系统，那很可能有些对你来说超级重要的事情，对你的企业来说这是个体案例。也会有那些凭空而来，完全超乎预期的问题。尽管此类事件或关注点中的某些看来只是个例，但它们可以提供学习的机会，因此具有深远价值。每当你需要创建一个新的抽屉或文件夹时，它就在那儿，作为你的"秘密武器"，当你未来遇到新情况时，可以多提出一个问题以加深对情况的理解。在成长为专注倾听者的过程中，我需要增添文件夹，也许是为了解决新的监管问题，或者是为了抵御全球政局动荡带来的风险，也可能是为了应对意料之外的社会趋势和文化阻力。

SECTION 2
梳理混乱

就像主动倾听的其他许多方面一样，这个过程听起来很复杂，甚至对你来说很麻烦，但随着时间的推移，它会变得更容易、更自然。你使用抽屉和文件夹的次数越多，在对话中提出问题就越得心应手。这样你就能更迅速地得到所需信息，进而采取积极行动。

最后，你会注意到，本单元中的各章节都旨在确保对话参与方为了共同的目标携手共进。也就是说，在同一家公司或组织中共事的人们，必须要对任务、计划或执行方案达成某种程度上的共识。不过，商界的某些对话也并非如此。有时，坐在你对面的人可能是你的竞争对手，或者是你的客户或供应商，而他们的任务与你的截然相反。对话可能充满对抗性，甚至充满敌意，甚至在组织内部，你都会遇到对你怀恨在心或是意见相左的人。我相信，本书中传授的技巧在这些情况下依然有用。如果你专注地倾听对抗性对话方发言，你依然可以使用文件抽屉来分类处理你所听到的信息。与对抗性对话方交谈的不同之处在于，你的目标并不是配合及达成共识。如果你和我一样相信"亲近朋友，但要更亲近敌人"这句老话，你就必须

> **懂得倾听**
> 是学会沟通的第一步

去这么做。

毫无疑问,在任何给定的行业或工作中,每个公司或组织所面临的挑战都是独一无二的。我知道,我建议的文件抽屉或文件夹不可能完全适合你的情况,我也无法提供完整的经营管理教育来指导你思考或解决问题。不过,我想提供一个基本方案,让你可以在此基础上定制自己的系统。我会列出一些在广泛的对话中实践过,行之有效的代表性问题。如果本书的这一部分我写得还算成功,读完之后你就能建立一套自己的文件抽屉、文件夹以及问题,这些工具会帮助你梳理混乱,更好地进行日常倾听。

SECTION 2
梳理混乱

07
任务是什么？

我曾与一家大型通信公司的高管一同外出旅行，当时那个企业正在经历一些重大变革。我倾听着他对公司未来经济前景的质疑。我说我在倾听，但其实我当时已经足足听了一周了。我们原本该在星期五晚上喝点酒放松一下，另外我已经有太多次听过他表达这些担忧，所以坦率地说，我当时并没怎么留意他的话。然后，我脑海中拉起了警报——我听见他说："这家公司还有必要存在吗？"我于是知道，我的这一周并没

> **懂得倾听**
> 是学会沟通的第一步

有真正结束。我们接下来花了几个小时得出一个结论：公司确实没必要存在。至少以公司目前的状况来看，时机和市场均已与其擦肩而过。你可以想象，这一认知随即又将我们的讨论引向了一个全新的方向：公司其实可以生存下来，但它必须首先重新定位和自我整合，并调整企业目标以适应新的市场环境。

美国教育部长阿恩·邓肯说，他总是认真倾听教师、校长、家长和政治家们的意见，看看他们能否认可他改善中小学教育的愿望。我钦佩邓肯的倾听态度。你能想象他为解决教育问题所面临的挑战吗——美国在世界教育排行榜上的地位正在下降，许多人认为，这种局面对美国构成了最大的战略威胁。无论这位部长走到哪里，人们总是群情激昂。无论是与学生还是家长、教育家还是政治家交流，现场氛围往往相当紧张，人们的沮丧感几乎无处不在。美国人喜欢玩"指责"游戏，特别是在教育方面。邓肯倾听过所有理性的分析和解释——不称职的教师工会、糟糕的养育方式、浪费在电视上的太多时间——但他总在尽力倾听人们心底的愿望。如果他发现

SECTION 2
梳理混乱

某个愿望与自己志同道合，就抓紧不放，不管那场对话多么具有对抗性。在邓肯部长的世界里，教育和政治似乎始终处于动荡不定的十字路口。在许多利益攸关者之间找到共同点，可能是最大的挑战。他致力于发掘能够成为一种共同目标基础的愿望，这让他赢得了"共识倾听者"的声誉。

你在工作环境中进行的大多数谈话，都不会公开面对诸如公司是否应该存在，或者如何提高美国教育水平这样无比重大的问题，但是你可能会惊讶地发现，解决商业问题的正常轨道，往往会因为对组织目标的小小误解或错位而出现偏离。公司的基本目标是什么？它的当前战略是什么？为什么我们都在这家公司？你可能认为这种问题只是首席执行官和其他高层管理人员的事情。不是这样的。事实上，我甚至可以这样说，我所目睹到的商业失败中最常见的因素就是：员工对公司战略的认知缺乏一致性。想想看这样的情形：销售人员想要让主要客户满意，并通过削减产品性能来寻找降低成本的机会。他把通过降低价格以保住主要客户作为第一要务。销售经理优先考虑市场份额并认为这是他的职责，这是可以理解的。但如果公司

懂得倾听
是学会沟通的第一步

的战略是首先要在工程学上有所进步，同时采取一个更利基的战略①，那么如何向数量更少的特定客户提供具有更高利润率的高端产品呢？销售员为了增加客户数量而在一定程度上牺牲产品性能的决定，对于企业的长期发展可能是非常有害的。

参与商业对话的所有各方都必须努力就公司的战略达成一致，或者可能需要认识到，他们应当完成多项战略。每个人都必须能够回答几个基本问题：这家公司代表什么？我们为什么珍视它？我们为什么应该这样做？我相信，如果你能够倾听你的对话方如何为自己回答这些战略，并且听到你们的回答是一致的，你就为一次富有成效的对话奠定了基础。每当我想到战略，都会情不自禁地想到那位在美国西北部管理一家大型医疗机构的天主教修女。如果有多个人在一个房间里开会，她总是

---

① 利基是指在市场中通常被大企业所忽略的某些细分市场，所谓利基战略，则是指小企业通过专业化经营来占领这些市场，从而最大限度地获取收益所采取的策略。利基战略和目标集聚化战略存在联系但同时也存在着区别，它们都是在对目标市场进行细分的基础上作出的，但在对市场选择上，利基战略侧重于选择那些强大竞争对手并不是很感兴趣的领域，而目标集聚化战略则强调对所选领域的持续占领。

SECTION 2
梳理混乱

先请与会者静默片刻并提醒大家，他们聚集在此的目的是为了照顾病人，保护健康人。在开始谈话之前，她会首先静静地坐上四十五秒钟。多么强大的自我约束能力！

　　回想一下你上个月最重要的商务谈话。如果你先捕捉一下你的对话方所致力的基本战略的线索，这些谈话会不会更有成效？我发现不管我和谁谈话，也不管我们谈什么，我都必须集中注意力，关注任何能表明对话方所认为的他（她）所在组织代表的东西。这一做法使我能从对方所说的话中得到最大的收获。

　　这里，我说的是大的目标，而不是短期目标或所谓的"里程碑"。当我问到战略时，我会听到一些显而易见的答案。当一位首席执行官对我说"我的战略是提高股东价值"或"我希望我的收益是每股3.50美元"时，我就知道讨论出了问题。在那种情况下，我需要集中精力发现公司所追求的未来，那些存在于日常目标和工作习惯之外的未来，那些可能会挑战我们当前所理解的成功机会的延伸目标。

　　我不妨列举几个我听到的战略，也许这能让你更好地理解

> **懂得倾听**
> 是学会沟通的第一步

我的意思。一家大城市儿童医院的经理告诉我："我不想再让一个孩子死于癌症。"一位负责远程诊断和维护操作的管理人员说："我想彻底消除我们设备的停摆情况。"一家总部设在欧洲的跨国公司的首席执行官说："我们要成为政府资助的本土机构在中国的第一大竞争对手。"这些战略虽然雄心勃勃，但也具体到足以引发具体行动——尽管需要彻底的创新或战略突破才能实现。而且，受此战略引发的相关行动，可能比大多数人每天处理的目标更具挑战性，它们涉及更长的时间框架，并且需要目前要么并不存在，要么在组织内供应不足的资源。

相比于由"公司为什么存在"这样的问题引发的宏大和开放式的对话，战略讨论可以是简短的和更为具体的形式。然而毫无疑问，就这些大问题的答案达成一致的目标，应该贯穿于每一个实质性的讨论。无论你们在组织中的职位如何，你和对话方对于企业的未来都应该目标一致，这一点很重要。你可能需要为达成共识付出很大努力；准确定义或者重新塑造一个模糊的战略，可能会让人很不舒服。如果这个过程有时让人感觉

SECTION 2
梳理混乱

疲惫,你不必对此感到惊讶,你也不应该低估它的绝对必要性。几年前,我为一家总部设在新兴市场的公司做咨询,帮助他们实现他们宣称的未来五年增长一倍的愿望。这家公司拥有一流的产品系列和首席执行官。我向公司推荐了有效提升其独特的产品线,以及引进全球各地人才以加速推动这种增长的方法。我无法想象除此以外,还有什么更好的计划能把那家公司变成一家国际公司,但是由于某种原因,首席执行官和他的主管们一直在抵制这个好主意。几年后我才了解到,当人们对抗你的建议时,他们或许有充分的理由。于是,我在和他们一起深入沟通了一个多小时后,终于弄清了出现重大分歧的原因。我一直以为他们的战略是征服世界,但那个公司只是想进一步主宰他们的"后院"。显然,这是两个截然不同的目标,需要完全不同的战略。事实证明,对那家公司来说,越是温和的战略越合适,因为该公司三分之一的股权归政府所有。他们知道本国合同对他们而言触手可及,他们在这方面根本不需要和国外对手竞争。换言之,他们具有明显的主场优势,他们最明智的举措是利用和继续发展他们在国内市场的竞

懂得倾听
是学会沟通的第一步

争优势,至少在短期内是这样的。你可以想象,如果我们从一开始就明确了这一战略,我们的配合当时就会产生完全不同的结果。

因此,让我提供一些实用的技巧,来发现对话方在对话中对于战略的理解情况。记住,我确保在对话中收集必要和适当信息的技巧,就是去想象一组存放文件的抽屉。每个抽屉都包含文件夹标签:那些可以反映重要信息的子类别问题。在我的对话方讲话时,我会仔细倾听并捕捉任何我能够很容易地插入其中一个文件夹的信息。如果这些信息看起来不明确,我可以向对方询问出现在文件夹中的问题。通过一次单独的对话"填写"所有文件夹,比在一段时间后继续与同事进行这场对话并完成填写要辛苦得多。如果我和一位对话方有过多次对话,那么再次对话时,我可能压根儿不会提到之前的问题,因为我那时很可能已经有了我需要的东西。不过,我总是在脑海里打开那些文件夹,提醒自己需要寻找什么。我真的不想在任何会谈中,因为一个被误解的战略而重新体验与别人"自说自话"的经历。

SECTION 2
梳理混乱

以下是我的"战略"抽屉里文件夹中的问题：

问题1：我们为什么在这里？

这是一个基本问题，但同时也是一个相当务实而非形而上学的问题。什么是持久的、压倒性的目标？它存在的根本原因是什么？组织自我身份的确立是以什么为基础的？你必须由此开始。使用这个问题或者你自己的问题版本，确保你和对话方对公司战略有共同的理解。在这个抽象的层次上把问题答案弄清楚，然后继续讨论其他问题。我一直认为，尽早填写完这个文件夹是有价值的。例如，我记得有一家公司曾因质量问题被某监管机构点名。最初的下意识反应往往是："让我们想想，如何花最少的钱处理好这件事。"管理层讨论了各种方案，反反复复地进行了一系列激烈但却无效的讨论，直到一个行政人员放弃争吵，开始问一些基本的问题。类似于"我们为什么在这里"和"我们代表什么"这样的问题刚刚提出来，讨论方向就开始变得清晰起来，因为团队重新回顾并确认了公司的基本战略：成为质量排头兵。从这一过程中诞生的战略使该公司创造出了非凡的新的质量控制手段，为整个行业重新设置了标准。一种战略可以带来多么巨大的改观！

问题2：是否缺乏某种一致性？

某种战略缺乏任何一致性或认同度，都会对公司或组织造成灾难性的后果。不止一家大公司遭受过这种损失，浪费了时间和资源。我认为，美国汽车公司最近的麻烦，就可以归咎于其长期战略缺乏协调性。这些公司似乎各行其是，管理层和员工之间几乎没有一致性，或者说，在管理层内部和员工之间也几乎没有一致性，结果这些公司几乎陷入瘫痪。

也许纯粹从战略角度来描述汽车行业的麻烦，似乎过于简单化了。也可以说，并非因为没有战略，而是战略过剩导致了问题。每个利益相关者群体——劳动方、管理方、股东、供应商和零售商，更不用说还有顾客和监管者，可能对自己的目标和抱负都有明确的认识，但在这些特定战略之间没有统一

SECTION 2
梳理混乱

性,也没有一致性。在现实世界中,往往会出现这种情况,最好的领导者都会倾听并监督——继而管理——冲突战略复杂的相互作用,因为这是一种需要持续关注和定期重估的流动性现象。不过,不同利益相关者的多重战略所产生的动态紧张关系,能够为战略讨论提供"佐料",只要经过深思熟虑的有效管理,就可以产生更丰富、更有益的共同战略。

如果考虑到一种战略如何与外部因素(比如不断变化的市场或动荡的经济)协调一致时,战略问题就变得更加复杂和有趣。企业和组织需要保持灵活性,需要了解其含义明确的战略何时会在新的条件下失去意义。商业上的战略不是一成不变的,也不是来自更高的权威。IBM就是一个很好的例子。IBM公司修改了战略以适应新的竞争环境,从而彻底"改造"了自己。多年来,IBM一直向客户提供大容量计算机,但在20世纪80年代,该公司从其客户那里得到了一个明确的警告信号:当客户意识到,他们可以以更低成本从一批业务不断增长的亚洲制造商那里购到相似设备时,他们便不再需要IBM的机器了。IBM认识到他们的国内硬件业务的竞争优势日益萎缩,于是开

懂得倾听
是学会沟通的第一步

始着手一项新的战略——提供计算机服务而不仅仅是计算机本身。它围绕着一项新的基本任务进行自我调整：提供定制、设计或外包客户信息服务，如果这个过程碰巧促进了一些硬件销售，那就更好不过了。IBM通过倾听忠实客户提供的反馈来修改其历史战略。它能够修正其商业模式、拉回客户并发展新的客户，从而获得了比过去更高的利润率。这样一来，公司不仅经受住了严峻的竞争挑战，而且能够茁壮成长。

问题3：我们能够根据这一战略开展工作吗？

一种战略在情感或智力层面上鼓舞人心是一回事，同时也必须是切实可行的，它本身必须适合计划和执行。要填满这个特定文件夹，需要回答三个问题：

◎这个战略是否激发了领导团队的想象力和活力？也就是说，它是否反映了公司高层人员的最佳思考和最佳意图？
◎这个战略是否可以更广泛地传达给所有利益相关者？不

SECTION 2
梳理混乱

管你如何认真仔细地阐述它,一个过于深奥、微妙或复杂的战略,很容易引发各种相互冲突的解释,从而使得本应通过一个战略解决的问题变得更加复杂化。

◎ 这个战略能否转化为一个计划?只有战略所代表的愿望具有可操作性,一个组织才能从一个明确和协调的战略中受益。

我很幸运地目睹过这些原则的实施——当时,我在给一家大型美国国防承包商提供咨询,这家承包商需要迅速采取行动,以降低成本并提高利润率。美国国内和国外的事态发展已经引起了美国工业的动荡,这让他们对自身财务健康状况产生了极大的担忧。我记得,我曾参加该公司首席执行官和其他八个高管召开的会议,听他们提出一系列相互冲突或并不成熟的方案,以解决他们目前开始落后的竞争地位。在四个小时毫无成果的讨论之后,会议在午餐时间中断。高管们似乎无法达成任何协议,每个人都感到疲惫和沮丧。在我们暂时中止会议之际,首席执行官对我说:"我觉得我们已经忘记了我们在这

懂得倾听
是学会沟通的第一步

里的目的：维护这个国家的安全。"面对目前相当紧迫的压力，这个说法貌似没什么用处。当大家在午餐后重新聚集开会时，首席执行官开始提醒他们这个崇高的目标，并且很快给讨论带来了活力。就好像扳动了一个开关一样，这些管理人员开始更好地表述他们的想法。这个群体所发生的动态变化，也使这些想法形成了一种务实的计划，它不仅有助于立即控制成本，而且可以对其产品开发和产品生产率进行严格而全面的重新评估。

* * *

如果你在对话中看到了机会，请参阅"战略"文件抽屉中的问题。我们现在转向那些构成其他更具体的文件抽屉的问题，我希望你能清楚地看到，战略的不一致性会如何干扰涉及其他问题的对话。

SECTION 2
梳理混乱

08
计划是什么？

每一个寻求改善业绩的企业，都需要一个实现战略的计划。战略是目的地，但如果没有精心设计的前进计划，即使是最完美的战略也只会成为镜花水月。一个可行的计划，可以通过关于如何前进的多次对话而逐渐形成并予以修改。有关计划的一个醒目而简单的问题就是："你现在要做什么？"

在本章中，我们将细致讨论这个基本问题。我们可以使用我们的文件抽屉和文件夹系统，将主要问题归纳成可用于更好

懂得倾听
是学会沟通的第一步

地解释任何计划的基本组件问题。这些问题将帮助你倾听并迅速识别你的对话方是否正在讨论计划,并将相关信息归类到适当的文件夹中。

几年前,我的一个好朋友,一个名叫查尔斯的经验丰富的成功企业家,和我谈到一个将其企业引向新方向的想法。查尔斯从事的是俗称"服装贸易"的行业,他在美国一个小城市拥有一桩高档男装零售商生意。他的两家分店的历史,比全国百货连锁店和大型零售店出现的时间还早——当时常见的地方性零售商,是大多数美国社区中心的商业核心。查尔斯的生意在其家乡城市十分兴隆,拥有扎实的长期顾客基础,人们欣赏他无可挑剔的时尚感和个性化服务。就像与其风格相似的其他许多有才华的零售商一样,除非已经确信至少会有百分之八十的存货很快被老客户抢购一空,否则查尔斯很少给他自己的商店进货。

查尔斯十分了解男士服装,在思考如何保持业务健康并在不断变化的经济环境中成长时,他产生了扩大经营的想法,这将为他的忠实客户群提供直接利益。他可以通过收购西装制造

SECTION 2
梳理混乱

公司来进行垂直整合。他可以在他的私人商店以及通过他十分熟悉的其他城市的类似网点建立销售产品线。查尔斯的决定恰逢一个收购机会：另一个国家的一家传统生产企业正在被其所有者挂牌出售。

鉴于他正在考虑一项重大事业，我们的谈话涉及各种各样的主题，但随着谈话进行，我意识到他提出的许多问题都属于我的"计划"抽屉中的一个文件夹。意识到这一点，能够让我专注于整个倾听过程，并引导我的朋友理顺他的想法，进而做出关于如何进行下去的基础性决定。我通常寻求填写并酌情更新的"计划"抽屉中的第一个文件夹，涉及构成任何计划支柱的具体目标。

问题1：促使公司制订其战略的具体目标是什么？

战略本质上是一种志存高远的规划，并且往往有些模糊不清。实现战略的最初步骤，是通过定义将该规划纳入企业致力于实现的具体而有形的目标，使其变得更加真实和实用。这些

懂得倾听
是学会沟通的第一步

目标应该代表着旨在完成战略的漫长之旅中的一个个重要胜利。我的朋友查尔斯的战略确实是志存高远的——他的想法不仅仅是关于时尚本身,也关于营销、包装和商品推销,它将代表男性购物习惯的一场静悄悄的革命。实现这一愿望需要一些定义明确的目标。

他的第一个目标是完成对那家西装制造商的收购,然后将其顺利地整合到他的当前业务中。第二个目标是重新定位他的品牌,以改变其业务的公众印象——不只是针对现有的客户群,也包括他需要用来营销并出售其新款服装系列的其他零售店。

目标问题有两个组成部分:首先,我们要倾听对话方所设想的目标如何与战略保持一致。然后,我们要倾听目标的清晰性,并仔细考虑产生它们的过程。我会设法确定在做出决定时,决策者是否涵盖了所有目标群体,提出了所有适当的问题,并能收集到来自所有参与者的最为全面、完整、诚实和准确的信息。当查尔斯明确表示他已经为自己设定了收购那家制造商业务的目标时,我确信这一计划行动是由战略直接推动

SECTION 2
梳理混乱

的，但这并不是说，这是唯一可行的举措。例如，是否可以从第三方购买根据他自己中意的规格设计和制作的商品，并以他自己的私人标签出售？我仔细听取了查尔斯的描述——他如何仔细研究过这一选项，但发现类似替代方案在当时既不能给予他所希望的控制力量，也难以实现他所追求的质量标准。

作为一家规模相对较小的公司的所有者和运营商，查尔斯在实现个人计划的过程中，并不需要得到董事会或管理层多数成员对收购制造商这一目标的一致认可。在一些大型组织中，仅仅是争取到所有相关方的认可这一过程本身，就可能会将计划置于错误的轨道上。几年前，我读过杰里·哈维的著作《阿比林悖论》，并受益于他的见解而能面对任何谈话，尤其是那些有关计划的谈话。哈维教授这本书的开篇，讲述了他和妻子以及来自德克萨斯州科尔曼的岳父岳母用了一天的行程，赶到远在阿比林的一家自助餐厅吃晚餐的故事。哈维的岳父最初之所以提议这次旅行，主要是为了让大伙儿都离开家，以便打发那个极其乏味的七月之夜。结果，每个家庭成员都一个接一个地认同了这个计划。他们挤入了那辆1958年产的

懂得倾听
是学会沟通的第一步

别克轿车，并在没有空调的情况下驶进了德克萨斯州华氏104度的夜晚。他们回家的时候，满身是汗，痛苦不堪，又纷纷抱怨起那家阿比林餐厅的食物，于是他们都在想，他们最初为什么要离开舒适的家而去自讨苦吃。当然有一些彼此推卸责任的情况，但他们很快就发现，起初每个人都同意去旅行，主要是因为他们都认为这是其他人想要做的事情，尽管他们自己都不认为这是个好主意。

哈维教授称这种现象为阿比林悖论：人们就一个目标设法达成一致意见——前往阿比林——但没有人真正相信这种做法是正确的。阿比林悖论的一个特点是：组织成员不能准确地将他们的愿望或信仰传达给对方。事实上，他们所做的恰恰相反，从而导致彼此对集体目标产生误解。他们做出的糟糕决定，可以直接归因于目标缺乏明确性和一致性，但同样重要的是，这也可以归因于他们的沟通缺乏开放性和直接性。哈维的研究表明，公司发现自己处于这种状况的主要原因是沟通不充分，而这意味着倾听不够，同时也意味着人们不能清楚地表达自己的想法。人们对于他们并不完全支持的建议做出含糊不清

SECTION 2
梳理混乱

或试探性的回应，可能是为了两面下注、作壁上观的目的，也许是为了明哲保身或避免改变现状，或者也许是因为他们确实对自己的判断没有信心。高管们之所以推动他们原本认为是错误的计划，可能是因为他们希望自己看起来很合群，或者因为他们不想得罪老板或让同事失望。如果他们没有带着目的性专注地倾听，对话方听到的很可能只是他们想听到的内容，这就会导致决策过程出现问题。

当有足够多的人认同一个计划或目标只是为了安抚对话方或组织内的其成员——或是出于任何其他错误的原因——你最终会得到最糟糕的结果：一个组织正在推进一项没有人认同的计划。任何试图走捷径而绕过共同战略的方法，势必要付出巨大代价。当然，这只是一个比喻，但在现实世界中，一个态度专注、敢于质疑各种假设并且不将任何结论视为理所当然的倾听者，往往可以避免这些陷阱。阿比林的教训就是，花时间倾听可以树立的目标，推敲它们与战略的相关性，要求每个对话方坦率地直抒胸臆，并向自己和他人保证：每个人都真正将那个共同目标视为正确的目标。

> 懂得倾听
> 是学会沟通的第一步

问题2：有助于实现目标的具体举措是什么？

这可能看起来是一目了然的，但事实一定会让你感到惊讶。当我谈到战略、目标和现在所说的举措时，你要明白我指的是具体性或明确性的层次结构。以服装商查尔斯的情况为例，这些举措包括谈判收购那家外国公司和确保交易融资。我们从交谈中发现，查尔斯必须确定相关举措——具体行动步骤——通过复杂的监管迷宫找到自己的方式；他作为"外国买家"的身份引发了一系列新的障碍。然后，他需要根据自己的计划，在新收购公司当中重新安排实际设计和制造业务。要理解的关键概念是，在真正执行计划之前，必须更详细地描述和理解相关步骤。

在倾听和质疑举措方面，我通常都是相当苛刻的。他们都知道，我会坚持不懈地敦促对话方付出更多努力，直到我能够听到他们谈论起具有一定程度完整性的举措，直到他们在那种举措、那个目标和那一战略之间建立直接联系。我真正敏感的是是否有被"浪费"的动机。在进行有关计划中的举措的谈话时，你需要假设它们可能太过复杂或数量太多而无法管理，这样才是明智的做法。在听取清晰、简单和易于沟通的特定举措时，一个十分有益的检验手段就是，一个组织采取的举措总和，应当能够带来一个既可靠又可行的计划。

问题3：时间表是什么？

如果说有什么是管理者最难以预测的，那就是节奏。商业策划者和战略家需要严格对待时间表。当谈到时间安排时，我发现我需要采取积极的倾听方式，并要将它提升一个档次——提升到你几乎可以把它描述为积极倾听的程度。通过尖锐的提问来寻找线索，直到你理解与目标或举措相关的完整事件的顺序，包括相关的意外情况。我和查尔斯查看了相关数字并且能够确定，如果要让他的计划在财务上可行，他需要在一年的时间内重新安排生产操作和运营。一旦时间表出现在桌面上，我们就能够去分析计划的每一部分，将它们全部合并在一起，并决定是否可以在那个日期内达到目的。

懂得倾听
是学会沟通的第一步

如果有必要，请不断填充此文件夹，直至它即将破裂为止，这是安排计划并为其排序的唯一方法。它有助于你格外关注沿途经过的一个个里程碑。为了维系对你们的日程安排的信心，你和对话方是否就你们跟踪和标记进展情况的频率以及标准达成协议？

如果你对误算时间表是多么容易有任何疑问，想象一下你在2008年预订乘坐波音787"梦幻飞机"飞行的情形，它原本应该准备好起飞了，但在那一年始终没有离开过地面[1]。再想一下波士顿的"大开挖"工程——那个旨在通过城市中心区、以缓解城市交通拥堵的庞大公路和隧道项目，整个项目出现的无休止的施工延误和巨大的成本超支，实在令人难忘。下次你到纽约，看看是否可以在"第二大道"地铁线坐上一回地铁——这条线路至少已经规划七十五年了，到目前为止还只是地面上的一个大洞而已。

---

[1] 波音787项目最初计划于2008年5月投入运营，但由于从世界各地的合作伙伴那里汇集到组装厂的部件出现尺寸误差超标等问题，导致各部分机体无法接合，项目由此经历了多次延误，直到2009年才正式投入使用。

SECTION 2
梳理混乱

问题4：需要哪些资产？可否获取？

当我们谈论"团队"和"执行"文件抽屉时，这个问题就会再次出现，但出于处理我的"计划"抽屉的目的，我总是对自己说："好的，如果我要射击一个目标，那么我有枪、有弹药吗？顺便说一句，我可以射击吗？"这些关于资产本身的问题简单明了，但它们在商业计划背景下被问到时，答案可能涉及一系列令人眼花缭乱的因素。

不同类型的举措需要不同类型的资产，以确保你保持势头并成功到达终点。我不会试图给你开列一个你应该考虑的所有资产的清单，但我会告诉你一个起点。你不妨注意一下有形资产和无形资产之间的主要区别。前者的例子可以包括：工厂和仓库、设备、资本或人数（而不是类型），无形资产可以包括能力、思维方式、信息和关键关系。

与查尔斯的计划相关的有形资产可以说是一目了然。很明显，他想要收购的公司是一个很好的公司，根基稳固，有多年的经验和生产力以及可靠声誉。其次，他已经开始和潜在支持

> **懂得倾听**
> 是学会沟通的第一步

者谈过，并且有充足的理由确信：他能够获得融资。无形资产这个因素对我来说，可能比对查尔斯而言更为明显，但仍然很重要。查尔斯本人可能是全部资产中最重要的资产，他的专业知识和经验，连同他的创造性和创新能力，使他成为该计划成功必不可少的元素。此外，他的公司拥有稳定的客户基础，他与销售其产品的其他独立零售商也有着密切关系。

你和你的对话方应该想到，你们还需要在子文件中填充执行计划所需库存中的所有项目。最后，请记住，即使你已经确定了所有必需的资产，你仍然只拥有你需要的一半信息而已，你还必须确定一点：这些资产是否可以予取予求。你肯定不希望在战斗已经开始之际，还在等待骑兵的到来。

问题5：我们将面对怎样的风险？

在21世纪的前几十年里，商界领袖对随机事件变得更加敏感，因为这些随机事件似乎会对他们精心制订的绝妙计划造成严重破坏，并且这种情况越来越普遍。身为作家的纽约大学教

SECTION 2
梳理混乱

授纳西姆·塔勒布将这类现象称为"黑天鹅",它们有时是灾难性的,使我们根本无法准确地评估未来风险,从而难以预测风险固有的不可预测性。尽管我们对灾难性风险的认识有所提高,但我制订计划时仍然会花费相当多的时间和精力,去倾听相对更常见的风险。我不想强调策略和计划理论家经常热衷谈论的宏观风险,而是要提出某些与行动更具关联性的风险,它们也更有可能影响大多数商业计划。谈到风险,我需要提及我的麦肯锡前同事洛厄尔·布莱恩的论述。布莱恩承认,未来在很大程度上是不可预见的,并且所有计划都具有不稳定性,但与此同时,他也提出了一个实用性框架,可用于确定未来计划中可知风险的水平,并将这些认知构建于一个可行的行动计划中。简单地说,布莱恩建议制定多项举措,使组织能够继续实施其战略,同时定期重估任何一项接近成熟的举措的可行性。他用一个坐标方格说明了这个想法,一个轴代表风险,另一个代表建议的时间框架——他在此基础上制定了正在进行的举措。这样就可以对那些正在处理的举措,以及与每个举措相关的不确定性或风险程度进行现场评估。后来,布莱恩还进一

> **懂得倾听**
> 是学会沟通的第一步

步补充了每个举措的预期回报。

你不能忽视诸如政治动荡、技术化的游戏规则改变或自然灾害之类的风险，但你也不可能对这些风险做任何事情。事实上，你可以集中精力倾听那些你对其具有某种控制力的相关的短期可识别风险。我始终牢记一些基本的风险问题。首先，谁会反对这个计划？反对意见可能来自组织外部——可能来自客户、监管机构、供应商或竞争对手。它们也可能会来自组织内部的同事那里——他们可能觉得你所想到的举措会以某种方式威胁他们的成功。无论怎样，我都希望确保我和对话方在协商一个计划时，能够站在可能会受其影响的各方立场来看待它，并探讨我们是否可以阻止或减少任何反对意见。

第二个问题涉及我所说的第一步风险。"走好第一步"是一个有用的俗语，可以提醒我们注意倾听和理解风险。你有多少次计划好一些事情，到头来却发现那个"第一阶段"就毁掉了全部努力？回想一下可口可乐公司当初推出的那个失败的可乐新品种：新可乐。公众的回应直接而又无情，公司仅在三个月后又恢复使用了原来的配方。根据当时的报道，如果可口可

SECTION 2
梳理混乱

乐公司当时能够更仔细地倾听用户意见,就有可能帮助他们避免那场营销灾难。

第三个问题是:"未来可能会破坏我们成功之路的主要障碍是什么"。你的对话方必须考虑所有可能的潜在问题,计划好如何在可能的情况下减轻这些风险,并约定随着时间推移,你们都需要重新审视你们的风险评估,以及重新评估缓解和避免风险的计划。

第四,我会问一个问题:这家公司或者这个行业,是否有什么被我们忽略过,但却可以让我们发现问题的历史?我常常惊讶地发现对方过去尝试过类似计划,而这个计划曾经面临多种威胁或者挑战。然而在执行相似计划的过程中,经理人往往没有考虑过去经历的困难。我们有必要记住哈里·杜鲁门说过的话:"这个世界上唯一新鲜的东西,就是你不知道的历史。"

我毫不怀疑,我的朋友查尔斯知道在他的事业上迈出这么大的一步所具有的风险,但我不能肯定他能够非常认真地对待它们。如今的服装业与当初他的事业刚起步时大不一样。即使

懂得倾听
是学会沟通的第一步

在高端市场，老牌欧洲设计师和制造商也面临着激烈竞争，特别是在成本和价格方面，他们必须面对来自全球各个地区——尤其是来自亚洲的竞争，比如，在像中国这样的地方的工厂，可以获得廉价的劳动力和材料，即使他们在这个领域仍然缺乏真正的专业能力。查尔斯口头上表示认同这种威胁，但却似乎试图将其放在一边。我不断地向他提出一系列问题，直到我们能够清楚地表达问题的核心：他将努力在供应链高端——它正受到来自低成本制造商越来越大的压力——为自己开辟一个利基市场。我们一致认为，随着时间推移，即使是高端西装的定制成本，也将远远低于查尔斯工厂制造它们的成本。即便有出色的款型和商品推销模式，这种现状也会让工厂收购计划成为一项可疑的交易。

最重要的是，该计划最大的资产也构成了它最大的风险因素：查尔斯本人。如果他生病了，或者由于其他某种原因无法监督这项业务呢？该计划能在他缺席的情况下成功吗？当我们把这个问题摆在桌面时，查尔斯开始更现实地思考他是否有些冒进了。他想起他的行业中有其他一些垂直整合的例子，结果

SECTION 2
梳理混乱

都是因为管理人员承担了太多事务而导致失败。他们变得容易分心并开始忽略自己的核心业务。我和查尔斯交流起这些风险已经有一段时间了。事实上,当我们最初开始谈话时,他整个人充满了兴奋之情,但是,当我们把这些风险集中在一起时,他的热情逐渐下降。当天谈话结束时,查尔斯不情愿地得出结论:风险太大,没有充足的理由证明投资的合理性。所以他选择中止继续推进这笔交易。

* * *

我提供这个作为富有成效的相互交换意见的例子:在一个彼此认同和尊重的氛围中,两个人仔细倾听双方的对话,能使我们保持冷静和思考,确保思想开放并质疑假设,正因如此,我的朋友最终才可以做出明智的决定。我确定他会对最终结果感到失望,但他做出一个艰难决定的事实,证明了他超越个人欲望的能力,并做了对他的公司而言完全正确的事情。

除了有助于确定你的计划是否使公司朝着正确方向前进之

外，你在计划抽屉中的文件夹中累积的信息,可以帮助你确定这些计划的回报是否值得你面对投资风险。一些举措本身需要进行具体和严格的财务分析,从而为这个问题提供定量答案。在我看来,这些无疑是更容易评估的举措。其他举措可能不那么简单,要么涉及的有形资产较少,要么涉及更加难以定义的主观优点或机会成本。判断这些举措需要更多的关注和勤奋,并且可能需要你付出更多的脑力活动。不管是哪种情况,你的计划文件夹都能为你提供你需要的信息,用以判断你的计划价值的关键回报,并可根据需要对计划进行调整。

SECTION 2
梳理混乱

09
团队是什么？

许多年前，我结识过一位商船海军军官，我不妨叫他大力水手。那是一位年纪稍大、前半生一直做水手的男人，他也处处表现出水手的特征：性格粗率，嗓音沙哑，肌肉发达，饱经风霜，他就是人们通常所说的那种"老水手"。他很愿意跟我分享他的许多海上生活的故事。作为商船上的高级职员，大力水手先生比大多数人更了解一件事：让那些顽固的"刺头儿"船员高效率地做好本职工作，并将各种冲突降到最低程度

> **懂得倾听**
> 是学会沟通的第一步

是多么复杂而棘手。他认为，这样的情况有时候根本无法处理好，即便是那些值得信赖并拥有出色工作经验的"老手"出面也无济于事。有时候那种人际关系就是"不对劲儿"，导致整个航程对每个人来说都是一种折磨。在那些情况下，他觉得试图"清除"麻烦制造者或"挽救"一些好人，也解决不了实际问题，最有效的措施就是换掉所有船员并重起炉灶。大力水手告诉我说，他曾经在船只驶入港口时，派人去将一把扫帚系到船上最高的烟囱上面，以此作为向港口公司人员发出的信号：他希望将船员全部换掉。"所有人一个不留，"他说，"一切从头开始。"

就像在大力水手的世界里一样，在商业世界中，我们通常也需要整个团队来完成任务。与大力水手的世界不同的是，我们很少有机会进行"大清洗"，这就是为什么涉及个人或团队问题时，我会致力于对我的倾听进行"微调"。永远不要忘记，一个游戏计划的好坏，完全取决于那个被指派执行计划的那个人。对我而言，"团队"就是任何一群有共同目标的人，无论它是通过某种预先设计还是有机地结合在一起的。换

SECTION 2
梳理混乱

句话说，团队这个术语，未必是指一个由管理层设计和组织的正式工作团队。

这样的团队是存在的——事实上，这方面已经有很多论述——即，团队往往是非正式的，有时是临时性组队。你可能会发现，自己只是一个只有两个人的团队的组成部分，或者你可能是在一家将特定部门或分支机构作为团队的公司工作。即使雇用一个人来完成一份工作，也是团队建设的一种做法。

对他人做出误判极为容易，这里的失误结果可能是灾难性的。我也见识过一次正确的人员更迭——或者一个关键人物的及时补充——如何帮助一个陷入困境的组织发生逆转。事实上，我曾经在同一家公司观察到在同一职位出现的相反状况。我当时正在为一家大型医疗保险公司的首席执行官提供咨询。这位首席执行官需要更换他本人在一年半之前挖来的首席运营官。该公司在其业绩一度下滑之际，已经更换过之前的首席运营官。利润缩水以及由此产生的财务压力，严重影响了公司内部的士气及声誉。我没有观察过第一次搜寻运营官的过程，但我知道那位首席执行官被公认为是经验丰富的管理

懂得倾听
是学会沟通的第一步

者,我确信他当时是经过深思熟虑的。他当时选择了一位来自公司外部的候选人,一个我不妨唤作钱德勒的人,他在首席执行官心目中的形象非常重要:举止优雅,有良好教养,拥有一流教育背景,有企业所需的专业经验。事后看来,我们有理由得出这样的结论:首席执行官高度重视管理团队这个关键成员带给自己的舒适度。他雇用钱德勒——一位风格和他非常相似的高管——也可能反映了首席执行官本人的信念:只要他有更多精力,他自己就可以完成首席运营官的工作。事实证明,钱德勒并不适合这份工作。公司的业绩继续恶化,新的首席运营官仅在十八个月后就被解雇,不仅预期的转变毫无迹象可言,该公司的声誉也蒙上了更大的污点。

首席执行官需要迅速引入一位新的首席运营官。他不想重蹈覆辙,于是就如何寻找替代人员征求我的建议。我首先问他,当初是什么原因使他决定雇用钱德勒的。他的回答很简单:"就是一眼就看中了。"这意味着这位首席执行官是凭借直觉选定的钱德勒,却没有进行严格的商业判断。我意识到,如果没有可以用来确定我们需要通过倾听才能获取的一整

SECTION 2
梳理混乱

套关键要素的系统方法,那么我们只能将本能和直觉作为决策基础。在这种情况下,我们没有理由认为,我们的直觉比首席执行官之前的那种直觉更有价值。

我开始与首席执行官分享我的团队抽屉文件夹,最终专注于一个关键问题的简短清单,这些问题将为搜寻适当职业经理人提供信息,并将影响他在整个过程中进行的许多讨论。我已将这些问题作为有关人力资源谈话的基础。我发现它们在各种情况下都很有用——如果你是负责为一个项目或任务组建工作团队的经理;你正在为组织中的一个关键职位或若干职位进行招聘;你是一个希望增加业务合作伙伴的企业家;你正在考虑接受一家新公司的工作,或准备加入当前公司的一个任务团队;你正在寻求改善你参与其中的一个功能失调的团队。

在首席执行官将搜索范围缩小到两名最终候选人之后,这些问题使他能够在做出决定之前,对每个问题进行全面评估。两个候选人都在公司工作过很长时间。其中一位候选人——拉里,几乎相当于是在那里长大的:他从邮件收发室起步,在三十年的职业生涯中从事过各个层面的业务工作。拉里

> **懂得倾听**
> 是学会沟通的第一步

并非来自钱德勒和首席执行官所属的那个更加优雅的世界——他的气质风度,更容易让人联想起某个伐木工而非董事会主席——但他强悍的外表下却蕴藏着非同寻常的敏锐和智慧。另一个候选人,拉塞尔,在公司工作的时间比拉里少了几年,其中大部分时间都是在经理人队伍中度过的。从外表来看,拉塞尔拥有一种更加优雅的形象,好像他天然适合成为首席执行官的左膀右臂似的,但是,拉里和拉塞尔一样富有能力和毅力。这两位候选人都不是明显的首选目标。他们都有显著的优势和一些潜在弱点。我鼓励首席执行官在面试这两位候选人时,使用以下问题侧重于他的倾听过程,并向管理团队其他成员寻求有关他们的反馈。

问题1:我们需要什么样的能力?

我经常发现,在谈到团队时,人们会提出错误的开场白问题。他们首先询问他们需要什么样的团队成员,尽管他们应该首先询问团队成员需要做什么。如果你是在拍摄一部电影,你当

SECTION 2
梳理混乱

然知道你需要摄影师、照明人员、声音技术人员、电工和施工人员、道具专家和司机。根据制片规模和团队成员的技能情况，可能还有一些能力可以合并，但这不是你在这个阶段的关注点。首先，你需要制订一个完整清单，列出团队必须完成的任务。

就我们所说的这家健康保险公司而言，拉里和拉塞尔显示出彼此互补的能力。拉里熟悉基层业务并具有执行力，他很有干劲和进取心，大家尊重他的经验，信任他的判断，因而似乎更愿意追随他的领导。拉里不仅仅是一个领导者，他还有锐利的头脑和出色的数字感觉。相比较而言，拉塞尔作为一名高级管理人员，有更长久的工作经验和出色的业绩记录。如果说拉里有一个训练中士的鲁莽和急躁，那么拉塞尔则有一个经验丰富的军官的冷静和自信，一种建立和领导富有成效的工作团队的能力。

问题2：团队成员的思维模式是什么？

这可能听起来有点模糊或者难以处理，但它是通过仔细询

149

懂得倾听
是学会沟通的第一步

问就可以揭示的关键信息。团队中的每个人是否都了解组织的战略,以及个人目标或是他们负责的任务?他们是否都以同样的热情和紧迫感去支持它?其中是否有一致性?在为此文件夹寻找信息时,请记住一点:组织中的任何个人都会将个人目标和愿望与企业发展联系起来。在组建一个项目或计划的团队时,你不但要确保这些个人战略与公司战略相一致,还要确保每个团队成员的个人战略与他们同事的个人战略相匹配。

当那位首席执行官听取两位候选人和公司其他具有重要观点的成员的意见时,他发现在思维模式方面,拉塞尔和拉里之间没有太多明确的区别。他们都对当前任务一贯充满激情,而且对于需要做的事情都毫无迟疑。但是,拉里身上显然有一种缺乏耐心的特征,似乎他唯一的"档位"就是超速档,好像他已经认定等到他去世时,总会有足够多的时间去休息,而且,他对那些与其风格不一致的人缺乏宽容。拉里很喜欢讲述他的高中田径教练的故事,这位教练总是提醒那些四百米运动员,"前二百米要尽可能快跑,剩下二百米要加快步伐。"

SECTION 2
梳理混乱

问题3：团队成员的角色是什么？

回答这个问题其实有两个要件。首先，你可以将各个团队成员的技能与你已经了解的情况进行比较。某些团队成员可以担任多个角色吗？某些职责需要一个以上人员吗？

你需要确保你手头那张人员能力列表的所有项目都填充完整。其次，每当你将大家召集在一起，要求他们作为一个团队做某件事情时，你必须时刻关注这个群体的动态。想想团队是否需要一个领导者，或者团队中是否已经有天然的领导者和追随者？团队的人太多还是太少，或者说人员构成比例是否合适？这些角色是否会产生不必要的竞争性，或者会去争夺某种可能破坏团队努力的地位？你需要主动在团队规划中加入某种结构或层级，还是可以等待它自然而然地形成？

请记住，在定义团队角色方面，你有时不可能像你所希望的那么简单易行。例如，有时团队是围绕一个明星成员建立的，就像一个体育团队可能会以某个"特权球员"为核心一样。有时候，人们之所以被分配到一个团队，可能是因为有人认为他们天生就是出色的"天才运动员",也就是说,他们头脑聪明,精力充沛,已经证明自己擅长学习,创造力强,足智多谋。换言之,当团队着手工作时,他们立刻就能进入状态,各个都能独当一面。

回到拉里和拉塞尔这边——这个问题并未将其中哪个候选人的资格"优先化",尽管这个问题的答案揭示了他们之间的显著差异。罗素是更全面的执行官,并且更容易展现权威的特质。从拉里这方面说,他有很好的直觉,有多年的实战经验,你可以想象他高举宝剑冲锋陷阵的形象。与此同时,你可以看到拉塞尔会依靠战略和智慧赢得战斗和战争,他知道如何根据作战地图合理调动他的军队,并为每次机动任务挑选合适的野战将军。事实证明,他们都能够胜任领导角色。

问题4:这项任务是否适合团队中的个人?

管理人员经常过多地专注于找出哪些人可能对工作团队有益,以至忘记去了解一件事:加入这个团队是否会对团队成员

SECTION 2
梳理混乱

有好处。一群感受到挑战和满足感的人更有可能拿出卓越的表现。有许多可能性与个人发展关系密切：团队是否有机会发展领导技能？它是否可以将你需要与之密切合作的人才联合起来？经验丰富的团队成员是否会利用工作机会指导年轻员工？项目或计划是否需要某种组织资源，而且任何团队成员都能提供？团队的目标是否触动了个人的激情？提供更多任务本身可以代表某种奖励吗？团队目标会刺激成员的痛处还是点燃他们的激情？任务本身能否提供某种回报？

拉里也许会认为，首席运营官的职位对他来说代表了更高要求，但也意味着个人发展潜力可能更大。对于拉塞尔来说，这是他职业道路上下一个合乎逻辑的步骤。从另一方面说，他本能地知道他在这一职位上的发展趋势，并且对其最终高度有一个相当可靠的猜测。相比较而言，拉里的未来不太清晰。这项工作可能是他的终点，或者说，他也可能会表现得十分出色，并继续去做更大的事情。首席执行官意识到选择拉塞尔的风险较小，但拉里带来的回报可能更大。

懂得倾听
是学会沟通的第一步

问题5：不可避免的现实是什么？

如今，就"梦之队"成员的选择来说，经理和战略家通常都不可能有机会从无限的人才库资源中选择成员。有时候，你必须尽可能地用好你所拥有的成员，并确保最终不会"收获"一个糟糕透顶、毫无成就的团队。特定工作的最佳人选，可能会在其他地方高就。就这些人而言，也许你雇佣不起，也许他们已经在为你的竞争对手工作。客户偏好、个人忠诚度，以及其他无数不可预测、有时看似非理性的因素可以影响一个团队的成员构成。

一个不可避免的现实，就是我所说的"员工税"。一个简单的事实就是，不会每个人都高于平均水平，也不应该是这样。没错，通用电气的前领导人杰克·韦尔奇曾经认为，公司应该从员工中淘汰百分之十的最差表现者，但这并非总是最佳做法。因为许多组织都认为，应当给予员工更多机会去做他们最擅长的工作，或者奖励他们的热情、努力和忠诚度，或者通过保持高就业水平，让员工给一个社区带来最积极的影响，这

SECTION 2
梳理混乱

些组织将不可避免地接纳一些能力平平的熟练工人。应尽最大努力使每个团队成员的角色和职责与其能力相匹配,从而将其价值最大化,这一点是很重要的。

经理人的首要任务是充分倾听,以发现团队潜在的弱点和问题,并尽一切努力予以弱化和解决。其次,管理者可以帮助员工培养包容、支持和合作的精神,以防止怨恨情绪从内部毁掉一个团队,并使其有可能发挥最大潜力。

通常情况下,对于首席运营官而言,拉塞尔或拉里这两个竞争者都不是明显的最优选择,但他们是公司内部唯一的两个选择,董事会确实不希望首席执行官再次考虑外部候选人。一个意想不到的现实——那种难以预料的因素——有利于拉塞尔。因为看起来他的职业生涯"瞄准"这个职位有一段时间了,他已经开始觉得这是他应得的,现在机会轮到他了。公司内其他人也认同这一点,包括大多数董事会成员,他们觉得拉塞尔已经得到了这个机会。很多人担心如果他没有得到这份工作,他会离开公司,这将意味着失去一个宝贵的团队成员。

> **懂得倾听**
> 是学会沟通的第一步

在这种情况下,首席执行官不得不将他的选择限制在手头现有人员中。但是这样的限制会带来意想不到的问题。在建立团队和寻找优秀人才时,有无数因素会限制选择结果——其中一些会成为我们的决策陷阱。当我想到这些现实时,脑海中总是让人浮现出克劳德·雷恩斯在电影《卡萨布兰卡》的高潮场景中扮演的雷诺上尉的形象。当亨弗莱·鲍嘉射杀了敌军军官,然后将那把还在冒烟的手枪塞进风衣口袋里时,雷恩斯立刻转向他的下属并下达命令:"继续围捕那几个嫌疑人。"高管和经理人总是下意识地选择去信赖现成的人员执行计划,这要么是因为他们害怕破坏既定的工作方式,要么是因为他们从未想过可能还有其他选择。这种现象很普遍,并显示出选择者不够明智的一面,它生动地表明了一种容易导致模糊思维的现实偏见。我甚至经常注意到,管理者往往会放弃一个出色的计划,仅仅是因为他们无法充分拓展思维,来组建一个可以完成该计划的团队。如果没有现实限制你的选择,那就不要被自己的习惯所束缚。应当大胆质疑你对人员和团队的臆断,就像你在任何其他领域所做的一样。

SECTION 2
梳理混乱

问题6：化学反应如何？

　　一个满是超级巨星的团队并不能保证胜利，这已经不是什么秘密。有多少运动团队倾尽所有抢购来浑身光环的自由球员，却发现更衣室太小，以至无法容纳那些"超大号"的个性和自负？个性这种东西既微妙又多变，即使你认为自己已经找到了合适的人，事实可能也会告诉你，结果未必如你想象的那样简单。当你开始将人们组合成工作团队，将对比鲜明的个性丝线编织在一起时，你就等于是设置了将会导致无数冲突的可能性，但与此同时，你也永远不会知道，什么时候一群人会聚在一起并创造出充满魔力的火花。多年来，我发现所有团队对不合适人员都有一定程度的宽容。这可能是因为，如果一个人会给团队带来足够高的天赋或独特的技能，就很容易让人们宽容他（她）那些令人不适的行为。或者从另一方面说，一个技术水平较低的工人可能会带来一些无形的品质——幽默、慷慨、热情，这也可以使其成为团队有价值的一员。

　　化学反应问题也可能有利于拉塞尔，他为人更随和，更容易被合作者认可,与其经理人同事也更容易建立亲密关系。毫无疑问,拉里的性子更急,更容易在争执中和别人起冲突,但他也会给他人带来更多的激情。拉里是个很有个人魅力的人,我们也很容易认为,执行任务的下属愿意为他而战。

问题7:个人表现的结果是什么?

最后,我回到我们的一致性原则。从任务开始,直到所有目标、举措以及个人愿望,对一个明确战略具有共同理解,是战略成功的基础。同样的原则适用于团队:在一个集体中工作的每个人,都必须理解成功的含义。团队中的个人和作为整体的团队,都必须清楚地了解目标、举措以及可能失败的后果。让团队一起工作的前提,就是要让他们在最好状态下接受挑战。你可以想象一下,如果人们对成功或失败有不同期许,那么潜在的混乱自然不可避免。

从表面上看,当首席执行官考虑到他们各自表现的结果时,拉里和拉塞尔之间没有明显的区别。你当然可以说,相比

SECTION 2
梳理混乱

于拉塞尔，拉里有更多可以向董事会、首席执行官甚至是他自己证明的东西，但很明显，在竞争这个职位上出现失败，对他们两个人来说同样都将是重大打击。

* * *

人们可以通过个人履历、教育背景以及经验和先前成功的客观衡量记录进入商业环境，但是性格、适用性和人际化学反应等问题很难量化。本能和直觉虽然在组建优秀团队或修复功能失调的团队方面具有无可否认的相关性，但也只能达到这一步为止，所以我很欣慰地知道，我可以通过一个适当的倾听方法，来帮助我质疑或确认我的直觉。

那位健康保险企业首席执行官在做出人事决策时接受了这种方法。他从他的管理团队和董事会中获取了有关这两位候选人的信息和想法，确保他在每个文件抽屉中都有可以帮助他做出最终决定的大量数据储备。当他与这些人（包括两位候选人）交谈时，他展示了真正卓越的倾听技巧，始终积极参与周

> **懂得倾听**
> 是学会沟通的第一步

密的质疑和考察程序。在这个过程结束时,我认为他会对他自己的决定感到惊讶:首席运营官的职位最终交给了拉里。首席执行官后来告诉我,当听到拉里关于他在该职位上可以做些什么的坚定而严肃的陈述时,首席执行官发现了一种强烈的责任感。他也听到了他最信任的同事提供的意见:拉里的风格和管理方式与他自己的风格完全不同。从这些反馈中,首席执行官推断他们的互补风格可以深化和扩大公司的管理能力。事实证明,拉里的责任感和他的独特风格是他获胜的关键。在他任职的十八个月里,该公司恢复了上升势头,并展现出相当乐观的未来前景。

拉里不仅仅是接受了挑战,他已经完全融入了公司领导层。尽管拉里有着近乎火爆的个性,但事实上,他也是一个非常好的倾听者。我观察到拉里花了大量时间与他的各个团队密切接触,收集他做出明智和理性决定所需的事实。拉里的持续成功证明了一个关于团队的真理:你永远不能停止倾听,无论你实际上就是团队一员,还是以其他方式负责团队的创建和实际工作。收集这些文件夹中的信息,不仅在组建一个团队或企

SECTION 2
梳理混乱

业队伍时是必要的,而且在其存在的每个阶段都是必要的。拉里从来没有忘记,人员乃至其特征会随着时间推移而变化乃至变异,他清楚他正在使用的信息是有保质期的。你必须始终保持警觉性;你必须始终倾听并及时更新文件夹中的信息,为公司员工做出合理决定并采取正确行动提供最佳机会。唯有这样,才能增加企业成功的概率。

10
如何完成任务?

一个有希望的团队围绕一个表述明确并受到衷心拥护的战略而组建起来,并将一个详细而全面的计划的所有细节付诸实施。整个操作指向正北方,然后,全部进展过程却朝向南部。为什么一个经过仔细思考的倡议未能得到成功实施?执行过程出了什么问题?这些令人烦恼的问题,可能是我们日常生活中最常见的问题。没有什么会比这种演砸了的剧目更能让你心烦意乱了。

在我的商业生涯中,我了解到有一些关键要素对于成功的

SECTION 2
梳理混乱

执行力至关重要。当我听人们谈论他们预期的任务挑战时,我几乎总能听到有关这些要素的相关信息。这些都是我倾听的主题,它们引导我在处理执行问题时如何提出问题。执行抽屉中文件夹的标签——决策、信息、复杂性和节奏——可能相当宽泛,但这是文件夹的设计初衷。例如,与出人意料的复杂性或定义不明确的责任链相关的问题,将出现在一个组织的任何层面——无论你是与所在连锁店厨房工作人员协调的比萨饼送货司机、该比萨饼连锁店管理库存和供应水平的区域经理,还是需要确定在节日供应的新型特制超大馅饼标准烹饪时间的全国总部厨师。这些问题中的每一个,都适用于组织中大多数级别的一对一互动,因此,它们不管是对于负责实施公司战略计划的执行人员,还是对于将卡车按时装货的仓库管理人员而言,都有着同样的重要性。

问题1:我们怎样做决定?

关于决策的典型问答旨在解决谁做出什么决定,以及什么

懂得倾听
是学会沟通的第一步

时候做决定的问题——这当然是基本问题。根据我的经验，我发现大多数管理人员都能很好地听取相关证据，以证明这些要素完全有效并得到了理解。但是，有两个更具挑战性的决策问题会迫使管理者启动他们的倾听游戏。首先，组织能否识别并纠正错误的决策？其次，组织如何允许管理者在必要时突破决策程序？

想象一下，你的任务是在中国开设一家快餐连锁店，计划在三年内让一百家分店投入运营。你认为你组织中的人每天必须做出多少决定，才能保持正常发展势头？在第一周这个数字就可能超过一千。由于需要做出如此多的决定，错误将不可避免地发生，因此当他们做决定时，你必须能够倾听，这样才能识别并纠正糟糕或过时的决定。如果你不准备在执行计划时纠正失误，那么你在计划开始之前就会遇到大麻烦。

在我的职业生涯早期，我学到了一个关于如何倾听才能纠正错误决策过程的重要课程。在我做外科住院医生的加州大学洛杉矶分校，我们会在周六上午举行"死亡率和发病率"会议，会上，高级外科住院医生会提出治疗结果不佳的病例，供

SECTION 2
梳理混乱

全体与会者审查。如果有很多病例要讨论，会议就可能拖到下午，这就会让住院医生格外头疼，因为周六下午是我们每周仅有的放假时间。我第一次参加其中一次会议时，就颇为震惊地发现，与会者们对这些住院医生的决策进行了何等严苛的分析和质疑，负责人如何坚决地单独挑出一位住院医生予以指责，即使在此人身上似乎没有发现任何错误。我问过一位资深外科医生，为什么要推定有人犯了错误。难道就没有可能是因为患者自身疗程复杂，或者是由于更糟糕的情况——由于疾病或受伤的性质，或者病例本身就有特殊性而导致患者死亡？那位外科医生严肃地看着我，回答说："我们无法纠正无可指责的错误，所以我们会假定不存在这样的错误。"

如果能够通过审核而确认一个错误，与会者可以围绕它创造一个教学机会。置身这样的教学时刻可不是什么乐趣，但我们都坚持了下来。可以肯定的是，我们所有的住院医生在后来的医疗实践中都不曾忘记这些课程。原因很简单：如果你无法确定一个决策者或一个决策者群体以及所犯的那个错误，那么你将很难改进正在进行的任何计划。这里的关键不是指责，而

> **懂得倾听**
> 是学会沟通的第一步

是责任。躲避责任会适得其反地阻碍进步。出现问题时，那种隐藏在阴影中的人，就是会伤害公司的刺客。责任不意味着惩罚，而是用以识别执行计划过程中的弱点，或是可以修复或填补的信息空白。责任意味着持续改进。错误是不可避免的，但不必重复错误。拥有错误的人是宝贵的，因为对于这些人来说，他们有成长和改进的空间。

倾听决策的制定方式，并确保所涉及的每个人都了解指挥链以及谁拥有何种权威，这当然会增加任何组织顺利执行其计划的概率。一旦基本运营结构到位，只要所有基础性要素都符合预期——我们都知道，符合预期的情况往往远远少于我们的期待——我们就能很好地为公司服务。这导致我们进入第二个具有挑战性的决策问题：当意想不到的事情有可能让我们偏离正轨时会发生什么？也许这听起来有点儿违反直觉，但一开始就必须有清晰明确的程序，以便团队成员知道出现危及完美计划的重要情况时该做什么。如果他们必须采取超出常规程序的行动，那么这些行动将如何受到监控呢？你必须倾听所涉及的每个人是否知道，何时违反了通常的决策层次结构是可以接受的，并且有权在必要时单方面采取行动。

你如何知道这种即兴行动的意愿是否存在？一个好的技巧，就是倾听团队是否在假设各种情况。"如果我们必须降低价格来达成交易怎么办？如果我们必须增加保修条款怎么办？我们可以继续这样做下去吗？"换句话说，总是要先倾听公司第一线员工是否以及如何知道，什么时候可以要求自行调整举措，什么时候最好是要求宽恕而不是许可。

问题2：我们是否在恰当的时间获得了恰当的信息？

某大学科学实验室墙上的一个标志牌写道："如果一种事物无法衡量，它就不存在。"我确信哲学系的人会对这个说法提出异议，但它提供了一个关于执行战略对话的重要的倾听过滤器。你最初实施战略计划的决策都来自一系列可靠的信息，而且当你执行计划时，持续产生的新信息流将不可避免地对进程进行校正。如果你希望能够成功执行计划，你就需要不断倾听信息来源、信息的可靠性和及时性方面的情况。当你将

懂得倾听
是学会沟通的第一步

一系列计划付诸实施时,相关衡量指标和里程标就是你的全球定位系统GPS,信息就是GPS的发动机。没有好的信息,你就无法跟踪和衡量你去过的地方,你在任何特定时刻的位置,以及你正要去的地方。稳定的信息流也类似于天气报告——不断变化的条件如何影响你的战略举措,以及它们如何影响客户、竞争对手、供应商以及所有其他利益相关者和业务进展状态。

考虑到信息超负荷让太多人不胜其扰,将"信息"作为我的执行文件抽屉中文件夹上的标题并加以强调,或许有一些讽刺意味。实际上,这当中的一个关键点就是:在一个任何时候只需几次击键即可产生大量数据的环境中,管理者都可能被太多的信息所困扰,就像他们也会被太少的信息所困扰一样。如果说良好的执行取决于良好的信息,那么管理者有责任确保他们做出决策所依据信息的完整性。他们需要获得拥有适当的信息来源。同样重要的是,他们需要确定哪些数据与其正在进行的评估相关而且重要,哪些仅构成"噪声"。一旦确定了关键信息,下一步就是了解需要更新和评估信息的频率。如果这个程序太过频繁,分析(analysis)可能会导致瘫痪

SECTION 2
梳理混乱

（paralysis）。但如果总是略去这个程序，就会让你陷入黑暗中。如果我想象得出那些负责执行一系列计划的人员将会如何开展业务，如果我确信相关信息有助于推动工作顺利进行，那么我就会知道我的倾听方式很有效率，并且提出了一些恰当的问题。

问题3：我们如何管理复杂性？

阿尔伯特·爱因斯坦花了一辈子时间试图弄清楚一个巨大、复杂而神秘的宇宙。甚至就连爱因斯坦本人都知道，他必须以某种方式降低研究课题的复杂性，才能更好地研究它。"有一点几乎不可否认，那就是，"他说，"所有理论的最高目标，都是使不可简化的元素尽可能变得简单而稀少。"这个格言经常被重复，通常被解释为"一切都应尽可能简单，但不能简单化。"相对论并不简单。过程和解释总会达到一定程度的不可简化性，而且人们希望它们变得易于管理。虽然爱因斯坦指的是复杂的科学理论和数学表达，但他本来就可以对商业

懂得倾听
是学会沟通的第一步

任务做出同样准确的评论。执行任何计划,都需要你对某种程度的复杂性进行管理。

今天的企业是在比五年前更加复杂和多变的环境中运营的。不妨考虑一下适用于企业的规则和法规的不断增加,或者互联网如何提升各种事件影响我们日常生活的速度。我有时候会认为,在这样的环境中进行操作,就像是试图从一匹桀骜不驯的野马背后演奏一支小提琴协奏曲。任务本身的复杂性,会因你解决任务的环境而变得更加复杂。一个优秀的领导者承担着明确一项业务复杂性的职责,他要确保团队了解他们需要关注什么,以及他们可以忽略什么。例如,如果竞争对手的意外降价突然让一个团队质疑其零售策略,那么领导者就需要告诉团队是否要从其他角度看待问题,从而继续保持现有定价并坚持既定计划。通过仔细倾听他(她)的团队的意见,经理人可以了解专业领域外部的发展状况,然后明确界限,从而降低复杂性。我非常钦佩的一位高管曾一语道破玄机:"我的职责就是尽可能打消员工的所有顾虑,让他们都能专心做好自己的工作。"

SECTION 2
梳理混乱

问题4：我们是否有适当的节奏？

过多的复杂情况势必导致混乱。那些组织员工对话的管理者需要避免混乱。如果交流行为总是临时或随机因素促成的结果——即一个组织动辄采取被动的立场，花费太多时间就当前事件做出匆促的决定，并且需要随时"灭火"时，我认为该组织缺乏良好执行力的基本要素：管理节奏。具有稳定的互动性和常规程序的公司，与会议总是由随机外部因素驱动的公司之间的差异，类似于一个努力走直线的清醒者与总是走弯路的人之间的差异。稳定的管理节奏所提供的规则，能够使一家公司在不断变化的条件面前保持领先，并且在面对不可避免的不可预见事件时仍然能够专注于任务本身。

在我看来，管理节奏意味着一系列持续而稳定的互动活动。无论是一对一的讨论还是大型会议，管理者都必须致力于维护交流日程。工作组或团队中的每个人都应该知道所需的互动活动的类型，它们将以怎样的频率发生。预定的议程将决定哪些功能和能力需要在这些沟通活动中得到体现。参加者应该

懂得倾听
是学会沟通的第一步

知道他们参加会议的目标,以及他们在这种活动中应提供的决策和指示的类型。最后,每个人都应该想到,他们可能不得不在这些聚会中讨论意外情况。议程必须允许讨论固定因素和可变因素——每次都要解决的问题和决定,以及可能同样重要的不规则的或不可预测的因素。通过定期和持续的互动,你就会在公司中建立起一种规制,用以确保可收集到及时和有针对性的信息,从而有助于实现精确的衡量和适当的决策。

我从没见过一家公司像我最近的某个客户一样擅长执行战略,这样的企业组织凤毛麟角。他们的企业文化推崇卓越,而且虽然管理者确实有着非凡的才能,但这并不是他们唯一的秘诀。令人惊讶的是,他们的神奇之处在于他们的日程。这家跨国公司的首席执行官在12月份发布了他的运营日程表,明确列出了下年度每一个运营审查和上层管理会议。当然,随着时间的推移,时间表可能会有所调整,但即便有任何项目取消的情况也是为数寥寥,而且会议很少被多次重新安排。公司的每位高级经理都有一个日程,主要是依据首席执行官的日历,而且这种协调互动在公司内部非常普遍。各个业务部门都会为他们

SECTION 2
梳理混乱

的高层领导与老板的会议做准备,而且正如你可能想象到的那样,任务往往会按时完成。即使日常事件会导致公司管理节奏的中断或分裂,你仍可感觉到运营节拍器的跳动,它引导着公司在整个全球运营体系中的定期互动。

* * *

我的执行抽屉中的四个文件夹里的问题是高度互联的。它们彼此重叠,实际上也相互依赖。解决了其中一个,你就有可能至少在某种程度上解决其他问题。制定决策,获得及时可靠的信息,实现深思熟虑的程序简化和可预测的管理节奏,所有这些举措,都有助于校准和控制执行过程,并在条件突然变化时为组织做好应急准备。当一个领导者通过仔细倾听而完成执行挑战时,结果就像是一次无可挑剔的高分跳水:动作到位,入水平稳,技术成熟,姿态优雅。接下来,我将与你分享一个我会给予最高分的商业范例。

我曾和一位刚刚接管一家大型金融公司领导权的首席执行

> **懂得倾听**
> 是学会沟通的第一步

官一起工作。当时公司没有遇到任何明显的麻烦，一支强大的管理团队已经到位，至少在纸面上业绩很好。然而，首席执行官很清楚，现在不是自满的时候。他针对缺乏危机应对机制这一现状抽出时间进行调查，询问那些可能会揭示该公司是否准备好应对突发事件的操作问题。他告诉我，在他上班的第一个月里，他在公司进行了一场实质性的倾听之旅，向他的经理们询问他们的操作程序。他关心的问题是：公司是在毫无戒心地吃老本，还是时刻保持警觉，一旦情况发生变化，就能迅速采取富有针对性的对策？

这位首席执行官获得的第一个线索是，当他意识到相关信息和评估总是姗姗来迟，以至于无法有效监控公司的进展时，这就意味着存在改善的空间。此外，那些信息是以未经过滤的捆绑形式到达的，这就使得操作者难以整理出可作为公司指标的数据，从而无法关联指导运营所需的业务决策。

从好的方面来说，他的团队中的每个人都可以轻松访问这些信息，但有两个因素造成了不利的一面。第一，对于解释数据的背景没有共同的理解。第二，因为没有使用明确的决策结

SECTION 2
梳理混乱

构,团队的每个成员都有权从数据中得出结论并对这些结论采取行动。成员们会做出相关决策——往往是非常好的决定——但无论是首席执行官还是管理团队中的其他任何人,都无法追踪其中一些决策是如何产生的。他会问:一旦出现一个错误决定,在这种情况下会发生什么?他关心的事情不是寻找替罪羊,而是理解我在作为外科住院医生参加的死亡率和发病率会议中所学到的教训:我们无法纠正无可指责的错误,因此错误肯定会重复。

首席执行官制定了一套对公司产生巨大影响的程序。首先,他创建了他所谓的作战室,这是公司总部的一种指挥中心,可以收集、跟踪和处理大量数据。作战室将所有未经过滤的数据汇集在一起,并对它们进行排序,以梳理出最有用的部分。然后,将这些内容组织成每周公告或信息更新面板,它们将发送给公司所有高层领导。作战室还负责跟踪公司在某些任务和倡议方面的进展。它将确定要遵循的正确指标,然后定期更新,并可发送给负责每个计划的各个团队。

接下来,首席执行官安排了每周一次的会议,即每周一

> **懂得倾听**
> 是学会沟通的第一步

上午8点举行一次全球电话会议，参会者包括所有相关管理人员。每个星期天，作战室制作的信息更新面板将发送给团队每个成员，所以他们可以预先为会议做准备。由于电话会议所具有的特殊优势，每个参会者都知道议程——会被问到什么问题，将会做出什么决定，谁做决定。长此以往，随着团队适应新的互动节奏，更多的细节被引入其中。团队开始使用想到的一系列预定信息触发点来评估数据，这样，当数字达到某种程度或水平时，它们就可以直接指向某些决定或举措。

这些变化产生了显著的影响。它的作用原理来自它的特殊性和可预测性。通过组织决策过程并过滤出重要信息，首席执行官找到了一种方法来消除阻碍公司执行力的复杂性。他能够提高秩序性和纪律性，而这转而提高了运营的稳定性和持续盈利的可能性。

即使你已经斟酌并简化了计划，而且组建了一个一流团队，但任何企业在将计划从绘图板上转移到现实世界时，都可能会遇到挫折。我们通常是在一个复杂多变、条件总是不可预测的环境中开展业务。成功需要我们保持警觉和灵活。换句话

SECTION 2
梳理混乱

说，如果我们要在危机四伏的商业海洋中乘风破浪，那么最好是成为一个优秀的倾听者，这就是审慎的倾听对于执行过程使企业保持正常运行的迹象如此重要的原因。

> **懂得倾听**
> 是学会沟通的第一步

11
是否涉及个人化因素？

到此时为止，你可能会对自己说，我描述的结构化倾听技巧可能适用于一个由机器人和其他智能设备组成的世界，但现实世界充满了真实的人，他们具有各种怪癖和冲动，隐藏的议程和特殊的价值观。我不会因此责怪你有这种自我认识，事实上，这就是我有一个标记为"个人"的单独文件抽屉的原因。我已经谈到了"脱离"我们的情感羁绊，以便成为更好的听众和传播者的重要性。我已经态度明确地表明，每一次讨

SECTION 2
梳理混乱

论,无论是关于战略还是团队建设或管理节奏,都和讨论参与者本身一样具有独特的意义。尽管如此,如果你把我所描述的理想听众想象成完全以逻辑方式思考的"尖耳朵"斯波克先生——他勉强为情感极不稳定的柯克斯船长的世界做出让步,这也是可以理解的。

我或许应该指出,我所遇到的一些最好的商业听众有时接近这种描述:有条不紊的分析和理性的掌控者,在精英管理团队中能够始终保持情感中立的决策者。这并不是说他们冷血无情,或者说他们对于商业世界中的个人化因素不敏感,或者说他们自己无法建立情感联系。像斯波克一样,这些高管通常是与人为善的,但他们的立场决定了他们必须坚定不移地关注信息。他们中的一些人会说,他们作为领导者的职责要求他们保持足够的冷静和中立,以便能够认识并理解他们的下属的观念和想法如何受到情感的影响。事实上,他们中最出色的人经常压抑自己的条件反射行为,以便更好地倾听他们周围的人的心声,发现这些人行事的动机,以及他们的人性如何影响在商业环境中的沟通。这样做可能不会为这些高管赢得很多亲密的朋

懂得倾听
是学会沟通的第一步

友,但他们扮演的角色会使他们备受尊重。

大多数人会说,他们工作的公司更像办公室类电视喜剧故事片《办公室》:即使是最平凡的同事间的谈话,也是由各种各样的人类弱点和虚荣心所驱动的。商业生活的现实是,在我们所有的沟通中,我们都会分享自己在某些方面的特征。我们所沟通的一切都会暴露我们是谁,我们如何思考,我们的感受以及我们认为重要的事情。我从商业谈话中收集到的重要信息都具有非常清晰的特征。事实是事实,数字是数字。我的对话方的性格和情绪构成了调色板的颜色和阴影。大多数情况下,它不是有着醒目原色的调色板,而是有着微妙的二次色的光谱——那是一种复杂而宽泛的色彩组合,为我的理解增添了细微差别和深度,有时甚至是一些谜团。在我看来,偶尔闪亮的色彩等同于由不可避免的生活事件和危机——一次令人兴奋的浪漫相遇,一次让人大受打击的离婚,一种健康问题,以及家庭成员的亡故,陷入困境的儿童,家庭财政压力——引起的短暂情绪波动或情绪爆发。这些事件的影响是真实而深刻的,但很少是永久性的。我可以将这些情绪视为浓烈

SECTION 2
梳理混乱

的色彩,因为它们通常一目了然,很容易引起注意。在某些环境中,你的对话方甚至可能会在对话开始时就宣布它们的存在。"我很抱歉,我心情不好。我整夜未睡好,非常担心我的孩子在学校的表现,所以我感到沮丧和疲惫。"虽然它们暂时可以为一个人的个人背景"着色",但并没有定义那个人的性格。

对我来说更有趣的是,与良好的倾听相关的是一个人的内在个性,这类似于更加微妙、可以装饰他们生活的次要色彩。他是乐观主义者还是悲观主义者?她是谨慎还是浮躁?在每一个行动中都是冷静超然还是情感激烈?是无私还是自恋?这些特征不会随着一闪而过的情绪而改变,它们定义了一个人的本性。

让我提供下面的例子,来说明如何通过关注个性问题来提高倾听能力。约翰概述了一个令人印象深刻的促销理念,涉及如何在商场过道尽头进行商品推销展示。当我问零售商如何对这个想法做出反应时,约翰的反应是模棱两可的,尽管总的来说态度是偏向于积极的。他不假思索地说,零售商提到了这种

懂得倾听
是学会沟通的第一步

推销展示的规模问题,但向我们保证这并不重要。假使对方是其他任何营销人员,我都会就此略过,但我知道我必须调整对约翰的倾听方式。他是一个非常乐观和积极的人,总是设法完成任务,我非常喜欢他。他的水杯不只是半满的,它通常都是满溢的,这让约翰本人不仅为他身边每一个人所喜爱,也使他成为一个有价值的团队成员。然而我了解到,由于他天生的积极性,约翰倾向于淡化他可能听到的任何貌似消极的东西。几乎可以说,他对坏消息很可能充耳不闻。在这种情况下,我们对零售商所说的内容进行了更深入的探讨,事实很明显:我们需要对那些展示商品进行调整以使其合适。约翰需要他的同事们来帮助他改善他自己的倾听方式,并指出他自身的"优点"如何阻碍了他。

与之形成鲜明对照的是罗莎,她为能够看到任何问题的所有方面感到自豪。她是一位细致的分析型思想者和娴熟的问题解决者。与约翰正好相反,罗莎的玻璃杯最多只有半空,这种特征源自于她清晰的思维。我们可能已经看到她是一个彻头彻尾的悲观主义者,但她认为自己是一个现实主义者,并相信她

SECTION 2
梳理混乱

能够探究问题的负面因素，而她周围的其他人专注于事物积极的一面，能够运作各种有价值的应急计划。这只是她的天性，但我学会了过滤我与她的谈话，以便我能听到通常隐藏在它们当中的怀疑情绪。具体而言，罗莎倾向于通过指出在同样情况下某人在过去的差错而彰显她的消极性。这种"既往必咎"的特征成为我的一种倾听"触发器"，并迫使我总是推迟针对罗莎的想法而做出任何决定或结论，以便让它们自行沉淀，然后在以后的谈话中重新回顾和审视。请注意，这并不是说我不相信罗莎的判断。通常情况下，她会在经过深思熟虑之后放弃她的怀疑态度，但如果我发现在我们重新开始讨论时她没有改变观点，我就知道我需要好好倾听。罗莎通常都能够做出准确的重新评估。

当我打开个人文件抽屉时，我就会倾听一个人的行事动机，倾听任何可能会让我想要改变我从其他所有文件信息抽屉中得出结论的因素——价值观、目标、偏见、担忧、盲点或冲突。我不可能为一个人可能显示出的所有个性特征建立文件夹。因此，我开发了一系列问题，这些问题使我能够梳理出真

懂得倾听
是学会沟通的第一步

实和有用的信息，了解一个人的个性有可能管理其行为并影响他（她）的沟通方式。这些问题与其他抽屉的问题在一个基本方面有所不同：它们不是我向对话方提出的问题，而是我向自己提出的问题。它们迫使我把注意力集中在我需要了解的人之为人的方面，而不是人们可能如何适应某些组织机构。如果我没有尽力倾听，我就有可能做出错误的决定。

问题1：这个人重视什么？

1950年，日本电影导演黑泽明的经典电影《罗生门》轰动了世界。这部获得奥斯卡最佳外语片奖的电影讲述了一位旅行武士、他的妻子和一个劫匪四次相遇的故事——有一次是分别通过三个主角的眼睛，有一次是通过唯一的现场证人，尽管是不可靠的证人。毫不奇怪的是，虽然叙述者都描述了最终导致武士死亡的相同事件，但这些说法却大相径庭并经常相互矛盾。叙述者要么夸大自己在故事中的作用，要么将动机投射到其他叙述者身上。他们通过过滤自我和内心最深刻的情感来看

SECTION 2
梳理混乱

待事件,每个角色的故事都强调了对于该角色而言最重要的东西。这部电影无比深刻地探究了集体意识,以至于感知的主观性——现在通常被称为罗生门效应。

尽管在商业讨论的背景下,一个人的核心价值观和信仰远远不及黑泽明电影中描绘的动机那么戏剧化,但的确会以不同方式予以展示。例如,有些人会致力于将个人表现提升到最高水平,而另一些人则将个人具有的群体精神作为主要关注点。在我认识的某些经理人当中,有些人的自尊很大程度上取决于他们的有序性和纯粹的高效率,还有的人以其作为不折不扣的规则破坏者的声誉而自豪。这些价值观可能具有某种道德维度,有些人可能会拥有更高的精神信仰体系。毫无疑问,这方面有各种各样的人和五花八门的事例。最简单的一点就是,理解对话方的核心价值观,将有助于你更准确地通过倾听把握对话的本质。

你有没有在要求别人执行一项任务时,要么得到的是直截了当的"不",要么在随后的对话中发现对方还没有准备好执行该任务?我不是指同事中的懒惰或故意对抗行为的情况,而

懂得倾听
是学会沟通的第一步

是指对方的深刻信念或其自我意象与手头任务之间存在冲突的情况。在这方面，我不妨跟你说说史蒂夫吧，他是我在商业中遇到的最讨人喜欢，也是最诚实的人之一。史蒂夫重视同事之间的良好关系和慷慨精神，同时也非常重视开诚布公和领导力。我们当时正在为他的公司进行组织变革，这似乎意味着必须立即解雇一位表现不佳的经理人。经过多次讨论，我相信我们正在接近达成一个行动计划。然而，尽管我有意识地密切倾听，但还没有意识到史蒂夫正在经历一场内心危机。他的坦率性格与他的善良本性发生了冲突。事实是，史蒂夫认为应该再给那个经理一次机会。

史蒂夫高度重视个人忠诚度和治病救人的可能性。他不会轻易放弃任何人。史蒂夫对人的基本信仰，是其他人觉得他非常可爱的重要原因。史蒂夫的诚实使他想告诉我他的观点。但同样让他受人喜爱的另一个特点阻止了他：他不想明确告知他不同意我的看法。并不是说史蒂夫是一个软弱的执行官，而是在于他很谨慎，尽可能不去面对冲突。他确实让那个经理人离开了，但却是在将近一年之后。

SECTION 2
梳理混乱

　　我不怀疑我的意见：那个经理人需要离开，但我也承认，史蒂夫的做法可能更加正确。一年之后，公司里的每个人都知道，那个经理人得到了一切自我救赎的机会，并得到了公平对待。这对公司产生的积极影响，很可能足以补偿格外多出的一年表现不佳的损失。

　　我是如何改善与史蒂夫之间后续的互动呢？首先，我一方面重新认识了他的公平感和他对其合作者的忠诚之间的冲突，另一方面是重新认识了在沟通困难的商业决策方面的压力。从那一刻开始，如果我看到史蒂夫同意我的意见，并发现了他在我身上引发的善意之感，我会立刻中止讨论，并问对方："史蒂夫，请诚实地告诉我你的意见。如果我没有听错的话，你同意我的意见，对吗？那么现在你会采取行动吗？"他太诚实了，不可能不直截了当地回答这个问题。

　　人们表达个人价值体系的另一种非常见的方式，是通过他们对成功的定义来做到的。举例来说，一个项目团队或一个部门已经富有成效并且有"利"可图，但那个团队中的成员彼此间一直剑拔弩张，因此通向成功的道路上充斥着痛苦的感受和

懂得倾听
是学会沟通的第一步

受伤的自尊。一个重视和谐工作场所和强调员工成长和发展的企业文化的经理人，可能会将这种体验描述为令人沮丧的失败，或者至少认为团队需要采取纠正措施。一个不同类型的经理人，一个重视账本盈亏底线的人，可能根本不关心团队中的紧张和冲突，甚至可能都不会注意到。他的报告会夸耀团队取得的积极结果，但对具体进程只字不提。

如果我就坐在上述管理人员的对面，打算将他们对团队绩效的评估纳入我们正在进行的计划中，我就必须敏锐地意识到，我的对话方的个人优先事项和价值观如何影响他（她）分享的看法。否则，我绝无可能根据真实信息做出任何适当的决定。

问题2：你的个人愿望是什么？

在很多方面，这与价值问题密切相关，但我出于某种原因将它单独列项。在我的职业生涯中，无论是作为人力资源经理还是作为顾问，我都经常对人们对自己潜能的看法与我对其评

SECTION 2
梳理混乱

价有多么不同感到惊讶。我不是在谈论那些过分夸大自我形象的人,尽管这种情况显然足够普遍。从未让我感到惊讶的是,许多人恰恰在相反的方向犯错误——他们总是低估自己的潜力,而周围的人在他们身上所看到的能力指数,却往往高于他们的自我评价。

对于潜在能力冲突性的感知会如何影响沟通?它涉及挑战所有假设的基本原则。我不止一次地公开承认,当我为一家公司制订计划和策略时(它们都是基于我从职业角度对特定个人在一定时间内的能力的假设),后来常常发现个别公司员工对我为他(她)设想的目标感到茫然。如果人们对他们能够和不能实现的目标没有共同的基本认知,他们之间的沟通将不可避免地各说各话。如果你对你自己抱有很低的期望,那么就很难对你的组织抱有很高的期望。

关于愿望的错位,可能会以一种非常不同的方式产生影响。让我们想象一个极具野心的高管,他只想让他(她)的部门成为公司乃至业内最好的团队,此人希望成为别人眼中一种不可忽视的力量。乍看上去,你可能会认为这种野心绝对不是

懂得倾听
是学会沟通的第一步

坏事,但如果这位高管为之不懈努力的,就是转移公司为实现整体战略而在其他地方所需的资源呢?也许你和你的对话方对于他的目标有着同样的信心,但他却可能拥有不同的时间表。当组织需要他去完成一个长期项目时,他却可能会看到自己处于自我目标的快车道。

你越是了解某个员工的个人愿望——或者说,你越是熟悉可能在很多方面与组织计划相背的个人计划,或者熟悉组织的短期需求,甚至可能熟悉整体战略——你就越是能够更有效地过滤你的倾听内容。

问题3:这个人如何与同事和其他人互动?

我们都必然会与不好相处的人一起工作。尽管与一个个性"带刺"的人并肩工作是艰难的,但管理这样一个人面临更大的挑战。毫无疑问,有时一个人的麻烦相比于他(她)的价值会更突出,但在很多情况下,你更需要的不是在组织中淘汰这样的人,而是要改善与其打交道的方式和经验。毕竟那些让别

SECTION 2
梳理混乱

人的生活不那么愉快甚至可能很糟糕的人，可能也为这个组织做出过相当大的贡献。这些人的确会让你的生活变得很困难，但事实上，与他们打交道尤其需要耐心和技巧，而且往往更需要给予很多宽容。请记住，当我们填充团队抽屉中的文件夹时，非常需要一定程度的"容差"——之所以要这样做，那种"麻烦的人"就是其中一部分原因。

与有问题的人对话，要求你以不同寻常的方式过滤你的倾听内容。一旦你意识到你的对话方存在个性或个人风格问题——这些问题可能会激怒你，从而导致你错过重要信息，或导致你的对话方不自觉地扭曲所传达的信息，你就必须有所警觉。每次谈话都有其价值，你需要做出决定，在倾听中忽略那种令人不愉快的东西，这样你就可以继续关注宝贵的信息，从而在一开始就让你的对话方充分发挥其自身价值。

对方的"可爱性"可能会像"可恶性"一样很容易使交流失控。你有没有警觉地主动从一次谈话中抽身而出，并且很好奇你是如何在谈话中变得被动，并且越来越偏离既定目标？对于那种你有好感的人怀有更多的信任和信心，是人的本性的一

> 懂得倾听
> 是学会沟通的第一步

部分，但这种情况很容易导致你放松倾听要领。

我建议你在某种心理尺度上评价你对对话方产生的情绪反应。就这种情绪反应而言，大多数人都处于中间位置——就像在钟形曲线上的常见情况一样，但是在这种曲线的任何两端，都会有少数会导致出现问题的人。一端是真正的所谓"好人"，他们立刻就会让你产生信任和好感。对于这样的人，你必须意识到，你是多么容易受到对方观点的影响，并且不断提醒自己要像在任何其他对话中那样，务必对其进行深入细致的探究。另一端就是那些让你感到不舒服的人——无论他们是否真的做错了什么。当你与一个你对其怀有恶感的人对话时，你可能会发现自己几乎不可能给予对方任何包容。但如果你做不到包容，你几乎必然会错过一些重要的东西。

问题4：对方的自我意识水平怎样？

这并不总是一个容易回答的问题。我在这里寻找的是我的对话方的情感成熟程度的线索。他们是否善于反思或者自我诊

SECTION 2
梳理混乱

断？他们是否愿意并且能够像别人那样看待自己？他们如何理解自己的成见和偏好？有太多流行的心理学书籍都致力于阐述如何"接触我们自己的感觉"，分析我们内在的某种东西，或者评估我们的情商，以至我们可能会对这个问题多少有些不屑一顾，但我们绝对不能掉以轻心。通过确定你的对话方的自我意识水平，你可以了解他可能会、也可能不会有意识地过滤他对你说的内容。这可能是一个倾听的挑战，有点儿像是你必须通过在专业录音室进行增强式倾听，才能在一段录音中听出某人的真实声音。

例如，我发现有必要仔细倾听人格的一个关键方面：那就是一个人与风险的关系。我们身边的一些人显然比其他人更愿意"掷骰子"。有些人会感觉身边处处都是陷阱，所以从来不愿冒险进入未知领域。有些人会全力保护自己的自尊和地位。这些都不是我在这里主要关注的问题，因为每个人都有自己独特的风险舒适区。我想知道的是，我的对话方是否具有足够的自我意识能够理解当前问题，并将他同风险的情感关系与对商业环境中威胁和机会的实际评估的风险截然分开。我的中

> **懂得倾听**
> 是学会沟通的第一步

心观点就是：具有高度自我意识的人可以成为有价值的对话方，因为他会提前告知你需要使用什么样的过滤器，来消除那些足以扭曲他自己的交流信息中的噪音，从而使你的倾听任务变得更轻松。

* * *

在撰写本书时，我曾费尽心思地思考过如何处理个人问题这个非常重要的文件抽屉。其他章节中的问题旨在收集核心内容，但本章的问题探讨了那个核心内容的质量。虽然想到将倾听和沟通分解为一系列纯粹的客观因素会让人感觉很好，但事实是，"作为人我们究竟是谁"这个问题，总是贯穿于我们所做的一切。我们都需要客观思考我们会自行制作的各种内心"小程序"，但我们不能忽视一件事：这些小程序终归是我们为了和他人打交道而产生的。这在很大程度上也是我们当下所作所为的原因。

SECTION 3
获得收益

SECTION 3
获得收益

　　至此为止，我们已经了解了这种简单的日常倾听活动，并按照你可能从未想过的方式将其详细分解开来，现在是时候重新组合并回归到原来的问题：我们如何改进我们的判断和决策、改进我们的表现，最终通过更好的倾听习惯来改进我们的工作质量呢？

　　通常情况下，最好先收拾好自家的房子，然后再开始帮助改造组织或公司，以便能够收获良好倾听的所有益处。要确保你自己的倾听练习模式是你想要的结果。本着这个想法，我将这个结论分为两部分。首先，我们将看看倾听如何促进良好的判断，从而用来实施一系列可定义的流程，我相信这些流程在

> **懂得倾听**
> 是学会沟通的第一步

很多情况下都能引导你做出更好的决策。你向管理阶梯攀爬得越高，似乎面临的挑战就会越大。一种极有可能出现的情况就是，你在任何特定时间都会遇到至少一个重要的现实问题：我们是否应该增加更多产品？我们能否在新市场中竞争？是否应当首先更新我们的企业形象？我们的工厂可以获得更高的生产力吗？……你还将解决一些更具战术性的问题，这些问题涉及如何权衡多个方案并产生积极的行动。无论摆在桌面上的问题如何，那种经历过良好的倾听训练的人将会切断各种噪音和干扰，并能经常性而又高效率地实施正确的举措。

接下来，我们可以扩展讨论并探索这些流程，以及将它们所依赖的所有良好倾听习惯融入组织日常工作的一些方法。你可以发现有的公司能够围绕良好的倾听和有效的沟通进行自我构建。这样的组织具有特定的节奏和流程，它们要求确保透明地讨论所有问题，并将所有相关臆断放在桌面上公开讨论。即使决策涉及一定程度的不确定性和风险，相关人员也可以充满自信地以较快的速度做出决策。

SECTION 3
获得收益

　　如果你此时在脑海中想到的是一台运行良好的机器的图像，那么你是正确的，但充其量只有一半是正确的。不管一项业务进行得如何顺利或成功，它仍然是人的努力，是人们协同工作的产物。效率未必一定涉及那种机器性质或无菌性质的工作场所。事实上，对于我们中的许多人来说，最佳表现本身就是一种回报。我想起电影《阿波罗13号》中那个工程师和技术人员团队如何充满激情但却非常小心地工作，将那些会把宇航员带回家的设备拼装起来。我想到那些能让自己的篮球队打进美国大学生体育协会四强赛的籍籍无名的大学，这些球队似乎总能找到一种方法来超越人们的期望，并将他们的比赛提升到一个神奇的高度。我经常想起许多年前在洛杉矶沃茨医院度过的无休止的"手术周"，并且仍然会感到自豪和满足，因为我记得我们整个团队的脉动节奏，记得他们如何热情地迎接每一位新病人的到来，并迅速采取治疗行动。

　　无论你的职业或职位是什么，最让你感到兴奋的事情，恐怕莫过于面对新的挑战，莫过于进入一个陌生的区域。你会产

懂得倾听
是学会沟通的第一步

生忘我的投入感,并且有条不紊地展开工作。这种体验很少会导致失败。这是所有组织和领导者所追求的"绩效"特质,我相信它源于在组织的每个角落都建立起的最佳倾听习惯。

SECTION 3
获得收益

12
将更好的倾听与更好的判断联系起来

关于如何改善你的思考方式，如何做出更好的判断以及做出卓越的决策，并无任何既定的蓝图。然而我认为，我可以为你提供一种方法，告诉你怎样使用最好的工具将自己置于最佳位置，并以适当的速度做出最佳决策。让我来解释一下，如何通过良好的倾听来做出更好的判断和决策。

我有时很想知道，人们是否已经开始在数字时代贬低人类记忆的价值。我们似乎都认为大脑的记忆类似于计算机记

> **懂得倾听**
> 是学会沟通的第一步

忆——一个简单的信息存储和检索系统。与此同时，电子设备可以即时访问几乎无限的信息库，使得我们变得有些自满甚至可能是懒惰。在只需点击几下按键，似乎就能获取哪怕是无比渺小或模糊的任何事实或统计数据的时代，人们必然会认为，我们的记忆肌肉可能开始萎缩。

中世纪的情况并非如此，纽约大学和牛津大学教授玛丽·卡拉瑟斯在她的著作《记忆之书》中表述得非常清晰。卡拉瑟斯认为，今天当我们"想到我们最高的创造力时，我们总是想到想象力"，而"与之形成对照的是，记忆却缺乏智慧"。她断言，一方面，当代文化在真正的学习和复杂的思想与机械的记忆之间做出了明确区分。我们对某些事物的学习结果的检验，并不在于对知识本身的背诵情况，而在于我们在各种情境中如何创造性地使用这些知识。根据卡拉瑟斯的说法，古代和中世纪的人们都不会理解我们所做的区分，因为他们"保留了对记忆的敬畏"。她解释说，对于中世纪学者而言，"记忆可将知识转化为有用的经验"，这反过来又产生了更好的判断力。像圣托马斯·阿奎那和阿西尼城的圣弗朗西斯

SECTION 3
获得收益

这样的中世纪学者锻炼并发展了他们的记忆，以至于他们可以逐字背诵大量的书籍，但这并非全部。他们重视"训练有素的记忆"，即能够运用已被学习和记住的零碎信息碎片，然后在脑海中对这些信息进行特殊处理——将它们拆开并以新的方式重新组装，从而获得新的见解。脑海中储备的大量信息，以及用于定位和提升其中任何一部分信息的绝佳资质，造就了各种天才。

我回到历史中来强化我对记忆重要性的断言，因为我很遗憾在现代世界中，我们如何忽视它对卓越的判断和决策的贡献。记忆，特别是在中世纪欧洲文化中的记忆，是我所采取的积极倾听方式的基础。我试着训练我的倾听肌肉，正如那个时代学识渊博的人们如何训练自己的记忆一样，旨在收集更多更好的信息，然后将这些信息存档在一个结构化的存储系统中，让我可以随时获取我所学到的一切。中世纪时期的"训练记忆"传统，是我在有目的地倾听过程时所遇到的最接近的历史先例。

懂得倾听
是学会沟通的第一步

现在我们来到那个神奇的部分——我们如何从倾听中获得洞察力？我们可以做些什么，来使我们在训练有素的记忆中收集和归档的所有信息融合成新颖的想法和切实的创新？没人知道这个问题的答案。但我确信我们可以增加这种洞察力的可能性，而专注的倾听和训练有素的记忆会使孕育新思想的土壤变得肥沃。

谁能解释为什么一组事实会在一个人而非另一个人中引发一个新想法呢？有一个故事说，阿基米德在进入浴缸时看到水位上升，突然明白如何测量体积。另一个故事说，艾萨克·牛顿爵士被掉下的苹果砸到了脑袋，就推导出了万有引力定律。在一次树林散步后，乔治·德梅斯特拉尔从他的宠物狗身上摘除了一些刺果，由此产生了制造"魔术贴"的想法。当然，其他人在他们的生活中也经历过类似的现象，但却没有这样的洞察力。是什么让这些科学家能够不可思议地建立起这些令人兴奋的联系呢？

路易斯·巴斯德这样解释他自己的一些科学发现的偶然性："机会只青睐那些有准备的头脑。"随机事件经常发生在

SECTION 3
获得收益

实验室中,但只有一个已在深入思考那些按布朗运动①的方式不断相互碰撞的相关事实和经验的头脑,才能够识别那些适当的因素突然组合在一起的神奇的一刻。阿基米德当时已在研究如何计算皇帝王冠中黄金含量的问题,因此他最终得到了一个清晰而优雅的解决方案。牛顿用了一辈子的时间来探索控制物理宇宙力学的力量,因此他的洞察力是一种将以前看似无关的现象联系起来的方法。德梅斯特拉尔是一位训练有素的工程师和态度专注的发明家,当他看到天然"挂钩"如何附着在毛皮上时,他就意识到了适应自然概念的商业潜力。将这种类比组合扩展到其逻辑目的,我们就可以说,在我们的心理文件柜中排序和组织的信息,可以构成一个有准备的头脑。换句话说,态度积极而又训练有素的倾听和崭新的、能够导致良好决策和踊跃行动的洞察力之间,存在着一种无可争议的联系。

---

① 微小粒子表现出的无规则运动。1827年,英国植物学家罗伯特·布朗在花粉颗粒的水溶液中观察到花粉不停顿的无规则运动,而进一步的实验证实,不仅是花粉颗粒,其他悬浮在流体中的微粒也表现出这种无规则运动,比如悬浮在空气中的尘埃。后人就把这种微粒的运动称之为布朗运动。

懂得倾听
是学会沟通的第一步

我观察到，商业环境中最好的倾听者能够比其他人更愿意、也更频繁地去查找和利用一些强大的问题解决技术。首先，他们能够敏锐地意识到他们的独特档案系统已经包含或需要包含的所有内容。他们能够迅速采取行动以填充缺失的信息，无论这些信息是来自其存储系统的其他区域还是来自外部源。虽然他们从"一切都是可知的"这一假设开始，但他们有时也会确定：某些关键信息由于某种原因而不可获取。在这种情况下，他们可以在本能或直觉的基础上填补空白，有意识地将任何随后产生的决定标记为：它们由于潜在的未知因素而具有更高的风险性和脆弱性。这使他们能够坦然面对一定程度的模糊情况。

其次，他们会迅速加工和重组个别或所有存储的信息，不断增加可供考虑的选项和备选方案。如果你曾经去看过眼科医生以测试眼睛的屈光度，你就会明白我的意思。医生会在你眼前使用任意数量的镜片和棱镜进行检测，询问"是这个还是这个？"随着你做出的每一次选择，你那张眼科处方单上的屈光检测结果都会一点一点地变得更加精确。这种比较和对比技

SECTION 3
获得收益

术，可以让你忽略掉一系列劣等选项，从而更有可能做出正确的决定。

哲学家以赛亚·柏林在五十多年前撰写了一篇题为《刺猬与狐狸》的文章。在文章中，他将世界上最伟大的思想家和哲学家分为刺猬——通过单一观念或想法的镜头看世界的人——或狐狸，后者会收集尽可能多的信息，并进行重新组合，直到他们的思想凝聚成有用的洞察力。丹·加德纳在其著作《未来乱语：为什么专家预测几近无用，而你能做到比他们更好》一书中更是进一步指出，现代世界的权威人士和大师经常是错误的，因为他们的功能就像刺猬。加德纳引用了商业和心理学教授菲利普·泰特洛克的研究成果——后者追踪了许多所谓的"专家"二十多年来的预测，并发现那些预测最不准确的人就是坚持既定思想框架的人，他们会将每一种新的情况或信息都纳入框架中。狐狸——那些更容易适应模糊和复杂情况、对任何貌似重要的假设并不盲从，并且渴望不断获得新信息的人——的思维保持开放和灵活，因而更有可能获得新颖的见解并对未来做出准确的预测。比较和对比的过程，可以使领导者

> **懂得倾听**
> 是学会沟通的第一步

提纯各种选择,直到只剩下最佳选择。

然后,领导者可以使用"第三种技术"来评估这些选项,所以我将再次回溯历史以提供最有用的解释。在佛罗伦萨知识和创造力集中爆发的文艺复兴时期,一个有趣的实践促进了人们对卓越的视觉艺术的追求。特别是在意大利,当顾客、地方法官或教会官员不得不为一个重要项目选择建筑师或艺术家时,他们偶尔会采用"paragone"的原则,这个词的字面意思是"比较"。各种艺术作品彼此紧挨地放在一处,以便人们可以对它们的相对优点进行权衡。让我带你回到16世纪的佛罗伦萨——它是意大利文艺复兴时期的重要场所——来举例说明整个过程是如何进行的。

1503年,已是高龄的佛罗伦萨政治家皮耶罗·索德里尼开始寻找艺术家,让他在该市旧宫[①]绘制新近完成的"五百人大厅"的墙壁。像这样的委托创作在意大利文艺复兴时期很常见,当时的公民和宗教精英都是艺术大师的主要赞助人。索德

---

① 也译作韦基奥宫,是佛罗伦萨的一座建于13世纪的碉堡式宫殿。

SECTION 3
获得收益

里尼只想要这个宏大的房间获得最佳装饰效果。他将选择范围缩小到两个同样出色而又才华横溢的艺术家上面。不过，他还是无法做出最终选择。他决定同时委托这两位艺术大师：米开朗基罗和达·芬奇。索德里尼认为，既然他不能决定哪个艺术家是最好的，那么为什么不让他们各自完成作品，并让公众有机会同时欣赏两件作品呢？他要求这两位艺术家画出类似的主题——米开朗基罗要绘制传说中的《卡西娜之战》，而达·芬奇则要创作同样重要的《安吉亚里之战》，这样它们就可以公平地获得全方位比较。索德里尼甚至让他们负责创作的墙壁彼此相对，以便将他们的作品并置起来加以对比。

可惜画作从未完成。达·芬奇的作品在他开始创作后不久就被部分摧毁了，米开朗基罗只完成了初步的草图，然后就动身去了罗马——教皇要求他描绘西斯廷教堂的天花板。尽管如此，索德里尼做出决定的方法——让人们有机会欣赏和评价两位艺术家的作品——体现了这种独特的文艺复兴实践。

"paragone"在商业世界中特别有效的原因在于，尽管它涉及并列比较两种努力或两项提案，但其本意未必是强制性地在

懂得倾听
是学会沟通的第一步

两者间做出一种简单的决定。我们可以假定每个选项都有价值，那么观察者——也即决策者——可以采用每个选项的最佳元素，并将它们组合成一个全新的选项。在最好的情况下，就是合并产生的结果可能优于两个原始选项中的任何一个。

你可以将解决问题的第四种方法视为结合了前三种技巧的自然产物。我观察到的最好的商业倾听者——他们也是一些最有效率的商业领袖，这并非巧合——已经磨炼了他们在其商业运营中的任何决策点调用一系列选项的能力。此外，只要在做出任何决定前有任何测试机会，他们都会对各种重要选项进行检验。他们会通过与同事讨论，大张旗鼓地进行某种测试。这些管理人员了解在检验所有可行的替代方案之前，过快地确定某种解决方案的风险。每当我准备做出重大决定时，我都会提醒自己曾在马克斯·黑斯廷斯的著作《温斯顿的战争》中读到的德安伯农勋爵的一句话："最后期限是英国人思想的第一生产力。"

有时候，这种开发和比较选项的过程并不能让优选结果清晰地浮出水面。在这种情况下，缺乏明显的选择可能表明

SECTION 3
获得收益

由于某种原因，目前的时机不适合做出决定。即使在快速变化的商业环境中，你的第一个决定可能涉及是否需要做出决定，或者是否需要在现在或以后做出决定。延迟决定可以检验一个优秀高管的勇气。让我告诉你一个我曾有过的这种走钢丝经历。我当时正在与一家主导其市场的公司合作，到目前为止，这家公司一直是其领域的佼佼者。它出售的一种特殊产品价格很高，并带来了丰厚的利润，其市场份额证明了它非常受欢迎。但时代在变，公司客户的财务压力也在增加。与此同时，该公司正在开发一种产品技术，该产品的生产成本会低得多。它取得的这一进步，可以为满足新兴市场中具有价格意识的新客户的需求做好准备。该公司面临着一个关键的决定。一方面，它可以选择将成本低得多、价格也更低廉的机器引入国内市场以及新兴市场。这样做会带来蚕食目前（高价）利基市场的风险，但最终也有可能扩大整个市场。另一方面，该公司也考虑过不向国内市场提供低价机器的选择权。延迟推出新产品的风险在于，它为公司的竞争对手提供了一个缓冲机会，因为后者也很可能将他们自己的类似低价产品投放市场。

懂得倾听
是学会沟通的第一步

　　我的客户对这个决定进行了长时间的考虑，并且特别关注时间安排。最终，该公司将该决定推迟到一个特定的日期，在该日期，它将考虑以其低价产品进入成熟市场。最终，公司决定进入成熟市场，而且进入时间刚好抢在竞争对手之前。这个过程是怎么产生的？现在谈具体细节还为时过早，但最值得强调的一点就是，推迟决定只能通过一个严谨的程序来实现，而这个程序是通过对市场的有效倾听而获得的。该公司与其客户及其供应商保持密切和持续的沟通，这两个群体都能够分享包含竞争者计划线索的重要信息。该公司进一步向客户了解了低价产品可能如何改变其采购和使用模式，它了解到，较低的价格实际上可以促使顾客购买更多的产品，从而引发市场的扩张。

　　我们有必要看看这些不同的方法和历史范例，并像在实际操作中一样使用它们。让我们假设你在建筑设计的最初阶段负责某个建筑项目，也许是一个公共建筑，建筑似乎在形式和功能、美学和实用性的交叉点上占据着独特的位置。在这个过程的第一阶段，你可以倾听所有相关方的建议和意见，收集将填

SECTION 3
获得收益

充你的战略、计划、团队等等文件夹的信息。你可以通过提出问题来确定功能优先级、对利益相关方的承诺、交通流量、社区参与、对社区的适应性,也就是在设计、施工和运营中可能需要考虑的任何事项。

接下来,你开始将重要的信息部分整理成尽可能多的不同组合。这是将大量输入转换为有限数量的选择性输出的时刻。如果你承担的是多用途公共建筑,那么仅仅与使用相关的可能的排列数量就令人生畏。然后就涉及设计和材料的细节,你的每个决定都会对建筑的使用和舒适性以及安全和体验产生影响。在这一点上,建筑团队可以以多种不同的方式,将建筑物模型的各个部分多次进行组合,每一次组合要么可以显示出为什么应该丢弃一些部件,要么会建议增加其他可能的选择。从中世纪甚至文艺复兴时期用手工方式精心制作的原理图,到今天只需按一次键就能交换多个元素的计算机辅助设计程序,我们已经走了很长的路。

在此过程结束时,你最终可能会剩下几个或两个最佳选项——它们都构成完整的提案,每个提案都能以自己的方式

> **懂得倾听**
> 是学会沟通的第一步

满足项目的所有要求。根据"paragone"模型,这些提案可以用于审查和比较。请记住,最终决定不是一个简单的选择。"paragone"这个程序的美妙之处,在于我们会假设每个选项都具有价值,因此选择最终可能需要使用所有提案的关键元素,而不是某个提案的全部元素。

尽管我们几乎不可能描述或解释将良好倾听转化为更好判断的准确时间,但我可以试着为你提供一个蓝图,告诉你如何将良好倾听纳入一个有效而可靠、可用于评估选项、权衡和评估风险并做出明智决定的流程。我们已经谈到了倾听、探究、收集和归档,简而言之,就是我们通过训练记忆的方式,来了解我们在文件抽屉中所拥有的信息。虽然没有将知识和经验基础转化为更好思维的详细手册,但我可以告诉你的是,如果你连这个目标都没有达到,那么你获得成功的机会就会减少。

哈佛大学商学院教授克莱顿·克里斯坦森提醒我们:提出好的见解是每个领导者的基本工作——无论他(她)处于组织结构的哪一级别,并且必须通过系统的实践来磨炼和培

SECTION 3
获得收益

养产生这些见解的技能。他进一步指出,"最重要的实践技能就是质疑",而且正如我们所知,提问是良好倾听的第一个先决条件。克里斯坦森建议领导者永远不要停止问"为什么","提出那种既能强加限制条件,也能消除限制条件的问题,"他写道,"将帮助你从不同角度看待问题或机会。"

这个不同角度可能会呈现完美的折射效果,从而激发你产生可以做出明智决定的新的见解。

13
通过倾听改变你的组织

我在本书中反复强调的一个主题就是,良好的倾听是个人高效表现的关键驱动因素。我认为管理者在一个组织中的表现如何,取决于他所做出的决策类型,而这些决策又取决于他的倾听能力。最终,更优秀的表现始终是我们的最终目标。在本节中,我想谈谈一种不同类型的表现,因为我认为,你的倾听质量不仅可以决定你自己的个人表现,还可以塑造你所在组织的表现。组织的表现会受到不同因素的影响。组织最基本的成

SECTION 3
获得收益

分之一，也是一种最难以描述的成分，就是组织文化。这个术语经常被使用，以至于失去了很多原有的意义。即使是无数组织文化专家也难以定义这个术语。不过，似乎有一种共识认为，一个公司的文化是由价值观、愿望、规则、措施和期望组成的，它们可以决定其成员的活动。

想想一家典型的硅谷初创公司和华尔街投资银行之间的区别。这家初创公司的员工每天都穿着T恤、牛仔裤和人字拖上班。他们在一个开放的大房间里工作，不仅鼓励而且期待成员之间的合作与参与。他们的成功与否与其说取决于他们的任务执行情况，不如说取决于他们产生了多少新的想法。当他们的公司变得太大时，他们中的许多人将会选择跳槽，加入一个新的初创公司。相比较而言，投资银行的团队是由衣着体面的"常春藤"盟友组成的。他们长时间工作，对于他们的业绩评价，主要依据他们如何快速有效地处理大量信息并形成清晰的分析性见解。他们的成功，将意味着在公司快速晋升，并获得责任更大的职位。显然，这是两种不同的模式，具有两种完全不同的文化——二者的成功都有自己的方式，同时又有各自的

懂得倾听
是学会沟通的第一步

目的。二者都为其成员提供一套不言自明的指导方针,用来指导他们如何行事或如何表现。

因为企业文化会影响每个人的绩效,所以它对于确定企业的整体表现至关重要。然而,文化究竟是建立在什么之上的?它是如何在组织内部发展的?在我看来,从本质上讲,一个公司的文化实际上是成百上千乃至上万个成员之间个人互动的总和,面对面的对话、讨论、演讲、辩论和会议——这些都是文化的基石。

我想,现在你可以看到我要强调的重点所在了。虽然文化更多的是来自有机发展而非刻意设计而成,但毫无疑问,它们在很大程度上受到公司领导者的影响。管理者通过与他人的互动在组织内设定标准。他们使用他们的对话和讨论作为工具,不仅是为了优化他们自己的表现,而且也是为了以身作则,展示他们所认为的行为和表现的合理规范和界限是什么,或者他们所希望的合理规范和界限是怎样的。在理想情况下,处于企业职位阶梯底部的个人会模仿领导者的行为,并将相同的实践应用到他们自己的一切互动行为中。最终,

SECTION 3
获得收益

随着这些态度和行为在整个组织中蔓延，一种企业文化就形成了。请注意，这并不总是一件好事。无论是好还是坏，几乎人人都会遵循领导者的范例。因为处于高层或正在晋升到高层的管理人员缺乏建设性行为，导致许多公司都陷入了困境。

我曾经有机会与美国海军陆战队的一位将军讨论这个话题。他认为他所在部门的文化特征要归因于各位上尉和中尉。他认为，如果这些尉级军官始终按照高标准行事，就有可能建立一个即使在最糟糕的情况下也能完成伟大事业的高绩效部门。有趣的是，当我了解尉级军官的意见时，发现他们基本呼应了将军的思路，只是有一点儿扭曲：他们认为是军士们在确立部门文化中发挥了关键作用。尽管每个级别的人员都将部门文化成因推给下一个级别，但我很清楚，为该部门定下基调的重要行为线索来自上层。这当中包括一种谦虚的姿态，正是这种姿态让他们将成因归于各自的下属。我们完全可以理解这一结论：如果一个单位希望充分发挥其潜力，那么它就有责任对整个等级体系中的领导者的行为进行规范。

懂得倾听
是学会沟通的第一步

良好的倾听意味着富有成效和表示尊重的互动。我已经描述了许多达到这种倾听水平的技巧。到目前为止，这些倾听技巧一直都是为了帮助你。但是，你会发现，当你能够更好地倾听并且与同事的互动得到改善时，你实际上会开始影响周围人的行为以及你管理的组织或单位的文化。美国安进企业首席执行官凯文·阿瑟告诉我："当我开始担任首席执行官时，我认为我的工作就是行使权力并推动结果。可是我大错特错了。我了解到我的工作其实是创造倾听环境。"这绝对是事实。当这种特殊的态度在整个组织中逐渐蔓延时，其影响可能是深远的。让我们了解一下如何通过良好的倾听，在你的企业中实现积极的文化变革。

培养一支训练有素、富有成效的组织

考虑一下更好的倾听技巧可以为一对一会话做些什么。这些技术应该能够提供更有效和更完整的沟通，这意味着不会隐瞒信息，并且所有的想法和观点都会浮出水面。这也意味着可

SECTION 3
获得收益

以减少把时间浪费在重复问题上的情况，还意味着要做出更明智、更理性的决策，并在合适的时间做出决策。

如果更好的倾听可以对个人互动产生那种效果，那么请想象一下它对更大规模的沟通的影响。我说的不仅仅是更多有用而且富有成效的会议。回想一下我之前所描述的那位首席执行官，他对他的金融服务公司的互动和决策过程不满意。他的回应方式就是确定了一个精心构建的每周全球电话会议，该会议具有具体的议程以及对会议准备和信息收集的严格要求。这个每周的倾听讨论会统一了公司各个部门的多个议程和日常活动，强化了团队的整体侧重点，巩固了他们的目标。但更重要的是，像每周电话会议这样的实际步骤对企业文化的影响，就像清除掉一堆堵塞山间溪流的木头一样，它使首席执行官所青睐的技术和方法得以在整个公司中传播。他要求他的团队在参加会议时要不断准备相关信息和分析，这就要求他们在收集自己部门的必要数据时，会变得更有条理和更加严谨。通过这种方式，整个公司自上而下对彼此倾听的关注力逐渐提高，而领导者自身严谨的倾听方式也会在整个组织中留下深

> **懂得倾听**
> 是学会沟通的第一步

刻的印记。

这里要记住的最后一点,就是组织中的纪律以及从中产生的效率和生产力,都需要人们共同理解一个事实,即一切审议必须导致决策和行动。在这方面,我亲眼见到的最有趣的案例之一,发生在一个团队的两名成员之间。当时大家围坐在一张桌子旁,讨论如何开拓复杂的市场进入战略。当其中一个人产生了一个如何彻底改革整个方法的激进想法时,他们正在面临做出决定的关键时刻,但是他很难在这种情况下充分表达自己的想法。他的解释逐渐变成了长篇大论,并在一边叙述一边思考的过程中提炼出了"在飞行中"的概念,尽管这个想法显然尚未在他的脑海中完全成型。最后,团队负责人插了一句:"好吧,吉姆,你的飞机该着陆了!"每个人都笑了,包括那个一直在解释的人自己。这句插话就像一声鞭响,使他从漫无边际的冥想状态中清醒过来。他和团队的其他成员根据彼此过去的经验知道,即使是好的想法也必须达到最终导致行动的程度。团队负责人正在通过他的评论来强化这种共识。这件事让我意识到,当有针对性和有目的的对话成为

SECTION 3
获得收益

规则时，团队成员通常会本能地意识到，多少讨论是适当和足够的。他们知道每个对话的目的是什么，以及他们达到目标所需的确切信息。在这种文化中，领导者可以安全地告知其他人，自己已经听到了需要知道的东西，而不必担心会表现出任何不尊重。

确保信息和想法自由而开放地流动

美国中央情报局的一位高级助理约翰·麦克劳林对我说过的一件事，曾让我忍俊不禁——当他不得不做出一个艰难的决定时，他在结束与同事们的谈话时会提出类似这样的问题："你们还有什么没有告诉我的……我可不想你们离开这个房间以后，就顺着走廊直接去你们哪个哥们儿的办公室并告诉他说，我根本就没有明白。"通过这个问题，麦克劳林可以传达三个信息：他希望他的同事为会议做好准备；他要求一切想法都摆到桌面上；他尊重他的对话方所说的话。在麦克劳林主持的会议中，你不可以滥竽充数。你应该有新的想法，经常并清

懂得倾听
是学会沟通的第一步

楚地陈述它们。你还必须准备好回应他不断的探询和质疑。一流的领导者总是不断质疑，尽可能从他们的对话方那里获取更多有用的信息，不断增加难度，创造出一个令人兴奋和富有成效的环境，最终结果就是，沟通过程会变得更细致、更完整，也更具活力。

我确信你曾经在一些对话中，会一再地对着你的对话方礼貌地点头，却不管对方在说什么。彼时彼刻，你完全是一个伪装者。但接下来，你要么快速回归到你说的话，要么在他（她）说完时迅速而彻底地转到另一个话题。给你的对话方提出一些精心挑选的问题，会让他（她）知道你一直在关注——你一直在倾听。相反，你的假装姿态仅能表明你的对话方花时间或精力尝试传达任何信息，都是在做徒劳无功之事。任何类型的糟糕倾听者，无论他（她）是伪装者、固执己见者还是自以为是者，都会对工作场所的沟通产生同样愚蠢的影响。如果人们认为他们的意见或建议无关紧要，他们最终会停止提供这些东西。你没有必要毫无保留地同意或采纳你的对话方所说的

SECTION 3
获得收益

内容。你倾听知识或信息的过程会产生相互信任和尊重,归根到底,这是一种以信息和想法自由而开放的流动为基础的文化的关键要素,只有这样的文化才能够蓬勃发展。

高度重视一切基于事实的讨论

我永远不会忘记我参加过的一家公司高层管理团队会议的情形,当时他们正在考虑收购另一家公司。在探讨过程中,其中一位高管突然打断了其他人的话。他向团队解释说,收购对他们来说是个错误。当他说完后,首席执行官严肃地看着他问:"这是意见,还是事实?"那个高管有点儿发愣,他并没有立即回应。"因为我现在需要的,"首席执行官继续道,"就是事实,更多的事实。"

这听起来像是首席执行官主动中断了讨论,一个好的倾听者似乎不应该这样做,但事实恰恰相反,首席执行官确实打断了那位高管的话——而且没有过多讲究技巧——但他的目标是

懂得倾听
是学会沟通的第一步

保持谈话的进行。他看到他的同事试图过早地结束讨论，而不是等待所有有价值的事实被收集，等待认真着手提出问题和提炼信息之类的真正的工作。一种珍惜有价值信息的文化，有助于推动检验和挑战事实和假设的进程，直到它们得到确认或遭到丢弃为止。这就需要我们集中精力，甚至可能需要我们准备一个正式的程序框架，以便从放在我们面前的任何问题那里后退一步，并提出一些基本问题：这次讨论的基本假设是什么？它们是否有价值？我们的许多假设可能完全有效，但在我们有目的地提出问题并以某种方式证明它们之前，它们将永远是我们所假设的东西，而不是我们所知道的东西。未经证实的假设是危险的，因为我们倾向于扭曲我们所听到的内容，以便使其符合我们已经相信的内容。

在信息通畅的文化中，人们会对他们工作的信息产生信心。而且，如果你对能够确定信息"资格"的流程充满信心，那么你就知道如何面对不够确定和含糊不清的情况。不是每个事实都可以确定；并非所有的臆断都可以得到证实或证伪，但如果你知道所有的努力都是为了做出决定，那么你必然会对这些情况感到满意。只有这样,你才能在决策过程中对不确定的情况处之泰然。

产生新的见解和更具创造性的解决方案

一直在寻找新的决策方式,并且在一个问题上寻求尽可能多的相关观点的领导者,能够鼓励人们以同样的方式解决新问题。一直坚持狐狸思维而不是刺猬思想的领导者,将能够使整个组织发挥类似的作用。能够轻松自如地收集、分类、检索和操纵大量可靠信息的个人和组织,能够通过多种角度来处理每个问题或任务,并开发出完整的替代方案和解决方案。要记住历史留给我们的所有创造性技巧——从中世纪的记忆大师到文艺复兴时期的"paragone"理想,这些都是能够扩大理解力的过程,它们能够为产生新的见解、创造性地解决问题以及不时进行真正的创新提供肥沃的土壤。

通用电气公司高级副总裁兼公司全球研究中心负责人马克·利特尔在接受《麦肯锡季刊》采访时,解释了通用电气如

> **懂得倾听**
> 是学会沟通的第一步

何利用比较和"paragone"等技巧来提高研究人员的创造力，改善他们的创意质量。他说，一方面，我们的理念是"我们是姐妹，我们是兄弟，我们是团队，我们要合作"。但另一方面，他说，通用电气公司会将这种大学联谊会式的情谊与创造性的竞争实践结合起来。一个团队需要以某种方式看待问题，另一个团队则需要用另一种方式看待问题，然后两个团队聚在一起比较笔记，看看这两个解决方案如何能够更好地结合在一起。"竞争发生在一种尝试共同产生成果的氛围中……有些人看到了A，有些人看到了B；你告诉我们关于A的一切，你告诉我们所有关于B的情况，然后我们会解决这个问题。无论A还是B获胜，这些团队都会聚在一起以取得成功。"他说，通用电气公司已经利用这些技巧，在从飞机发动机、太阳能电池板到发电等无数技术上获得了更多的创造性见解。从这个意义上讲，通用电气公司复制了重新组合信息的过程，不但能够以新的方式看待信息，而且善于比较我在讨论如何将倾听与判断联系起来时提出的不同方法和解决方案。更重要的是，他们能够在整个组织中实现这一目标。

SECTION 3
获得收益

建立一个能够鼓舞和激励员工的组织

在我职业生涯的早期，我曾经很钦佩一位同事，他负责领导一个办公室的活动，行政压力很大，因为那个办公室里全是充满进取精神的专业人士。每天早上，他的办公桌上都会堆满数不清的问题，照理说，他原本会很容易变得愤世嫉俗或被压力摧垮。事实上，他似乎很享受解决每一个新问题的过程，无论问题本身有多么可怕或者何等出人意料，但实际上从来没有像想象中那样困难。"这就是我们应该走的道路，"他说，"如果没有这些问题，他们在工作中就不需要像我这样的人了！"对他来说，这就是乐趣所在，而且幸运的是，当他怀着这种心态面对挑战时，他能够体验到清除一个又一个障碍带来的满足感。而且，因为他的身边都是以同样方式应对挑战的同事，他从未感到如此幸福。

重视创造力、鼓励争论、尊重异议并支持突破性见解的组织，对于有才能的个人极具吸引力。所有这些积极特征的基础在于塑造组织文化中的人际互动，而人际互动的质量总是植

懂得倾听
是学会沟通的第一步

根于良好的倾听。这样的组织更有可能充分而积极地应对挑战。他们拥有的制度化流程,使他们能够快速确定可用的决策选项,并确定做出这些决策所需的信息。这些组织将有机会从多个角度审视新问题,并尝试多种解决方案。

结语

周一早晨该做什么

我唱歌不是很好。在一项体育赛事中,像样地唱完《星光闪耀的旗帜》①对我来说都是一场挑战。我几乎无法想象,一位扮演新角色的歌剧演唱者的能量该有多么强大,她必须掌

---

① 美国国歌。

懂得倾听
是学会沟通的第一步

握笔记并研究歌曲节奏,同时还要记住歌词,而且往往使用的都不是她自己的语言。最重要的是,她必须融入场景,学习如何接收舞台提示和处理现场"卡壳"的情况。同样,有的业余高尔夫球手会通过上几节专业课来改进他的打球质量。但是,当他在学完几节课后第一次走到发球台时,脑袋里充满了太多关于正确的姿势、握力、膝盖和肘部角度的想法,以至于几乎没法做好任何动作。

在我提供给你那么多供你思考的内容之后,如果你对倾听产生了上述感觉,那是可以理解的。我已经讨论过如何从你的对话方那里获取你需要的信息,以便做出更好的业务决策。我概述了对信息进行排序、存储、检索和使用的方法,用来获得新的见解并开发新的创意。我已经描述了如何调整你的倾听模式,以塑造更高效的组织文化。一下子记住这么多东西可能会让你吃不消,所以我在这里要给予你一个建议,一个任何复杂学科的任何优秀教师都会提供的相同建议:不要试图一蹴而就。一次只做一件事,一遍又一遍地做,然后转移到下一个环节,你很快就会开始感觉到,构成你的任务的各种元素都会有

结语
周一早晨该做什么

机地联系在一起。一个出色的歌剧女主角在她开始演绎整部舞台剧之前,会将一首咏叹调练习到滚瓜烂熟。一个聪明的高尔夫球手会根据需要尽可能多地挥杆,以使他的节奏和速率保持一致,然后再解决击球方位和运行轨迹的问题。

倾听也不例外。我一开始就说过,倾听是一种技巧,你可以通过将其分解成一系列组成部分来学习,然后一次一个地将各个要素融合在一起。一旦这种练习成为第二天性,你就可以转向下一阶段的任务。好消息是,掌握良好的倾听技巧,比站上大都会歌剧院的舞台或进入高尔夫大师俱乐部要容易得多。我走过那条路并最终成为一个合格的倾听者,从而成为一个称职的商业问题解决者和决策者。当然,我至今还在旅途中。所以我想,我应该列出一张清单,告诉你在星期一早上一系列要做的事情。这份清单曾经让我受益匪浅,并且一直提醒我,哪些是我必须要掌握的东西。

1. 保持平静。

你说得越多,听得就越少。要留意那些典型的不良倾听类型——比如固执己见者、一意孤行者或自以为是者——的任何

> **懂得倾听**
> 是学会沟通的第一步

明显行为,并尽力将这些行为扼杀在萌芽状态。永远不要忘记对话的第一要务:收集信息。你的目标是将大部分谈话时间交给你的对话方。让"二八法则"成为你的黄金标准,确保你的对话方的谈话时间占百分之八十。当你们说话时,你需要提问而不是陈述——你需要询问和调查,以便引导你的对话方提供可能提供的一切。使用你的问题来澄清和扩展对话,补充详细信息,阐明相反的观点,并使你的对话方能够探索可以带来意想不到的见解的新思路。

毫无疑问,即使是最好的倾听者也需要那种愿意分享的对话方。我已经指出,倾听是任何领导者或经理人的责任。然而与此同时,你的对话方也同样有着知无不言的责任,但这种责任永远不应该成为负担。在一个重视所有建设性沟通的商业环境中,人们会渴望做出贡献,并因为能够增加他们自身和整个组织的发展机会而感到兴奋。富有成效的组织文化建立在人际信任和尊重的基础之上。每个人都必须确信他(她)自己的想法会得到倾听,并且所有的想法都可以摆在桌面上,而不用担心受到惩罚或遭到蔑视。

2.质疑臆断。

过于绝对化的臆断是做出有效决策的毒药。任何你认为理所当然的事情——没有先停下来质疑、调查和确认——会给高效率地解决问题建立一个人为的界限。你和你的对话方都需要在相互理解一切基本臆断的情况下进行对话,并且公开交流这些臆断是否已经过检验,以及它们具有多大的价值。这可能就是提问艺术的关键所在。如果你已经准备好了所有问题,那么你可以首先询问简单的基本问题来逐步获取需要的信息,这些简单的问题可能包括:我们是如何知道的?我们为什么应该这么想?我们可以证明吗?

3.专注于你需要知道的事情。

在一种重视积极而专注的倾听的组织文化中,所有参与者都能够理解交流的目的。在谈话之前,你要知道自己准备收集哪些信息——要填写哪些文件夹——或者你准备与对方沟通的内容,然后再进入对话。良好的倾听意味着最大限度地减少不可避免的迂回、跑题和分心,从而最大限度地节省时间和精力。

懂得倾听
是学会沟通的第一步

4.增加对含糊性和不确定性的容忍度。

是的,你可以通过倾听来收集信息,我也希望你使用本书中的技巧,来确保信息尽可能完整和可靠。然而,实际上,你面临的某些决策所需要的信息根本不存在,或者出于某种原因令人怀疑或支离破碎。请记住约翰·麦克劳林对不可预测的不完善以及模糊信息流的描述,美国中央情报局经常被迫依据这种类型的信息做出关键决策。如果你习惯于按照实际需要挑战和界定信息,你就能够识别并隔离那些不确定的领域。当你知道自己之前不知道的信息时,你就能够通过创建一系列突发事件的模型,让你的计划变得更加灵活。因为随着信息变得更加具体或者更容易获取,这种突发事件模型就可以发挥更大的作用。

5.将信息分类并置于适当的文件抽屉和文件夹中。

这是适合我的操作方法。我的假想文件系统涵盖了从"企业战略"到"私人观点"的所有内容,它们使我能够对日常业务中出现的大量信息进行控制,甚至可能为最微小的决策提供参考。也许你的企业需要一个不同的类别列表,或者

结语
周一早晨该做什么

说,也许归档这个隐喻不适合你。没关系。你需要一个系统来组织不断涌现、会让任何倾听者都感到难以应付的信息浪潮。"信息超载"不是开玩笑。哪怕是你提高倾听技能的好处充其量只是减少了信息轰炸带来的噪音和恐慌,那么我已经完成了一些有价值的事情。

6.使用你的记忆获得新见解。

这就是分类和存储信息至关重要的原因:当到了该从谈话转换到行动的时候,就要准备好使用它。拥有丰富的数据是一回事,让它作为推动创造性解决问题和有效决策的动力而为你工作是另一回事。你可以回想一下,其实中世纪学者未必需要在记忆的价值与抽象知识和思想的价值之间做出区分。正是这两种认知过程的结合才能产生真正的洞见。我已经描述了许多不同的技巧,用于识别某种情境中的相关信息,然后用多种不同的方法将事实进行拆解和重组,以产生新的想法和见解。如果你已经了解其他方法,或者已经设计了自己的方法,那是好事,只要你的目标始终是通过恰当的交流而获得最佳选择,那么你和你的团队就可以做出最佳决策。

懂得倾听
是学会沟通的第一步

7. 知道什么时候该扣动扳机。

听起来很简单对吗？当你带着目的并且专注地倾听时，那就的确是这样。我相信，如果对话的目标或意图一开始就在你的脑海中很清晰，你就会本能地知道何时该从讨论过渡到行动。有时候你别无选择，你必须立即采取行动。尽管如此，你会知道你的哪个心理文件抽屉是相关和完整的。知道何时扣动扳机，可能是良好倾听的最微妙的组成部分。你要训练自己接收一切信息，尽可能让每个人都有机会发表意见，并坚持不懈地探询和了解。在必要的时候，要果断举起手宣布："好吧，我们就说到这里吧。现在该采取行动了。"采取行动才是重点。效率、生产力以及积极的行动都取决于它。倾听永远不会停止，但你需要知道何时结束争论并把工作向前推进。

8. 通过最好的倾听练习，提升每个人的参与意识。

在前一节中，我指出组织倾向于模仿其领导者的实践，而且，如果一个领导者能够展现出优秀倾听者的姿态，那么组织可能会因此获益匪浅。优秀的倾听者自己是深思熟虑的，但同时也能够让对话方自由自发地产生洞见。他们会毫不留情地质

结语
周一早晨该做什么

疑和挑战,但也非常愿意适当考虑任何个人的见解或想法;他们是审慎的,但并不拖延。让我感到惊讶的是,这些都是任何组织所追求的品质,而且如果有足够的个人采取其中一些行为,那它们不久就会成为一种组织文化的标志。

* * *

不要指望锡罐在一夜之间就会变成铂金,任何重大的变化都需要时间、纪律和持续的关注。在我与凯文·沙雷尔的谈话中,他回忆起在海军潜艇舰队担任初级军官的情形。他解释说,他那时年轻好胜,并且是一个糟糕的倾听者。沙雷尔认为,很多人(特别是在职业生涯的早期)在与别人对话时往往已经相信他们比对话方更聪明,总是急不可待地想要表达他们的观点,以显示自己的聪明才智。凯文告诉我,多年之后,他走出了非凡的一步:寻找到他的前潜艇指挥官,并为自己曾是个多么拙劣的倾听者向对方道歉。

我们大多数人可能都有一份我们想为之前的"倾听之

懂得倾听
是学会沟通的第一步

恶"向其道歉的人员名单,但沙雷尔的故事让我很想知道,我们曾经错过了多少知识和洞见——仅仅因为我们的倾听技巧不符合要求。我在这里想强调的最后一个要点就是:时不我待。现在就开始你全新的倾听之旅吧,尝试用一个好的倾听方式,来替代你已经发现的某个糟糕的倾听模式。

正如在自我改善方面做出那么多努力已经给你带来的回报一样,在你决定尝试并承诺要为倾听付出努力的那一刻,你已经赢得了一半的战斗。我希望你会对那个因出色的倾听而为你展现的更美好、更多彩的前景感到兴奋。我本人深知那种感受。